高校辅导员的工作与专业化发展

王焕红　著

中国财富出版社

图书在版编目(CIP)数据

高校辅导员的工作与专业化发展 / 王焕红著. — 北京：中国财富出版社，2019.10

ISBN 978-7-5047-7022-6

Ⅰ. ①高… Ⅱ. ①王… Ⅲ. ①高等学校—辅导员—师资队伍建设—研究—中国 Ⅳ. ①G645.1

中国版本图书馆 CIP 数据核字(2019)第 231245 号

策划编辑	李　丽	**责任编辑**	邢有涛　栗　源		
责任印制	尚立业	**责任校对**	孙丽丽	**责任发行**	杨　江

出版发行	中国财富出版社		
社　　址	北京市丰台区南四环西路 188 号 5 区 20 楼	**邮政编码**	100070
电　　话	010-52227588 转 2098（发行部）		010-52227588 转 321(总编室)
传　　真	010-52227588 转 100(读者服务部)		010-52227588 转 305(质检部)
网　　址	http://www.cfpress.com.cn	**排　　版**	中图时代
经　　销	新华书店	**印　　刷**	河北文盛印刷有限公司
书　　号	ISBN 978-7-5047-7022-6/G·0752		
开　　本	710 mm×1000 mm　1/16	**版　　次**	2021 年 6 月第 1 版
印　　张	10	**印　　次**	2021 年 6 月第 1 次印刷
字　　数	91 千字	**定　　价**	58.00 元

目　录

第一章　高校辅导员专业化发展的基本问题

对高校辅导员这个特定的职业群体而言,其职业生涯的现实状态和发展前景,在很大程度上取决于规范和约束着他们的具体的高校辅导员制度。高校辅导员队伍专业化建设的过程,是一个事实判断的求真过程,也是一个价值判断的求好过程。只有做好合规律性和合目的性的统一、求真和求好的统一,才能真正实现专业化建设的远景。本章从高校辅导员的角色、专业化的概念、制度、职业生涯入手,对高校辅导员制度、高校辅导员专业化的互动关系进行论述。

第一节　高校辅导员的角色

自高校辅导员制度建立以来,辅导员已成为高校开展大学生思想政治教育的骨干力量及大学生思想政治教育工作队伍的重要组成部分。20 世纪 90 年代以来,高等教育从精英型向大众化不断推进,高校辅导员的角色定位也在与时俱进地发生着改变。

一、高校辅导员角色的嬗变

“角色”原指戏剧中演员扮演的人物,用来诠释个体在舞台上的身份和行为。吉登斯的二元结构理论表明,生活在一定社会中的每个人,必然扮演着相应的社会角色,人们通过扮演的角色相互发生社会关系并履行相应责任。特定的社会需要决定着相应的个体的角色扮演。高校辅导员队伍专业化建设与高等教育同频共振。辅导员岗位自1952年在高校设置以来,其建设与发展便紧紧关联着我国社会主义改造、社会主义建设以及改革开放与现代化建设的整个进程。

辅导员制度在我国的起源可以追溯到中国工农红军大学,当时称为红军指导队,辅导员任政治委员。1950年以后,这一制度在高校保留并坚持下来。1951年11月,政务院第一百一十三次会议批准了《中央人民政府教育部关于全国工学院调整方案的报告》,报告中第一次提出“政治辅导员制度”,即设立专人担任各级政治辅导员。1952年10月,教育部发出《关于在高等学校有重点地试行政治工作制度的指示》,明确要求在全国高校政治处设辅导员若干人,并提出辅导员应从教师和学生中择优选取。1953年,清华大学提出“双肩挑”学生政治辅导员模式并开始执行。此后,不少高校建立了辅导员制度,辅导员主要承担政治方面的工作,是学生的“政治领路人”。1961 年中共中央批准并试行的《教育部直属高等学校暂行工作条例(草案)》和 1965 年教育部制定的《关于政治辅导员工作条例》,以法规的形式对政治辅导员的地位、作用、工作任务以及职责等都作出明确规定,辅导员的主要任务——辅导学生的政治学习和政治活动。自此,政治辅导员制度在全国各类高校普遍建立。我国高校政治辅导员制度在 1966—1976 年遭到严重破坏,直到党的十一届三中全会后才得以恢复,当时政治辅导员主要由专业教师兼任,政治辅导员的工作由单纯的指导政治学习和政治活动逐步向指导思想政治教育工作转变。

1977 年高考制度恢复后,在党和政府发布的相关政策、文件中,政治辅导员作为高校专职从事思想政治工作的队伍的重要组成部分,其身份、地位及工作任务都有了明确规定,教育部和共青团中央《关于加强高等学校学生思想政治工作的意见》(1980 年)提出“高等学校的学生政工干部,既是党的政治工作队伍的一部分,又是师资队伍的一部分,担负着全面培养学生的重要任务”,明确赋予政治辅导员“双重”角色。1987 年,中共中央下发的《关于改进和加强高等学校思想政治工作的决定》指出“从事学生思想政治教育工作的专职人员,是教师队伍的一部分,应列入教师编制,实行教师职务聘任制”,这是中央文件第一次将专职从事学生思想政治教育的人员列入教师行列,从而明确了专职辅导员的教师身份。这个文件也第一次改变了“政治辅导员”的称谓,使用了“辅导员”。

二、高校辅导员的多维角色期望

不同的社会角色具有不同的权利、义务,作为一种职业角色,高校辅导员是高校学生思想政治教育工作的主力军。进入 21 世纪以来,随着国家对高校辅导员的空前重视,社会、高校和学生对辅导员角色有了更高的要求和期盼,其角色定位在专业化建设进程中必须回归理性思考。“高校辅导员”是辅导员个体和群体的双重代表,在社会群体中的地位与身份,使其既需表现出社会所期望的行为模式,也需完善自身规划。

1. 新时期国家对高校辅导员的角色期望

高等教育大众化提出高校学生素质化拓展的新理念,随之拓宽了高校辅导员的角色内涵。2000 年,教育部颁布的《关于进一步加强高等学校学生思想政治工作队伍建设的若干意见》,将辅导员的性质定位为“学生思想政治工作的组织者和指导者,是高等学校教师和管理队伍的重要组成部分”。《中共中央国务院关于进一步加强和改进大学生思想政治教育的意见》(中发〔2004〕16号文)明确指出,辅导员是高校学生思想政治教育工作队伍的主体之一,是大学生健康成长的指导者和引路人。加强和改进大学生思想政治教育工作,必须把解决思想问题与解决实际问题结合起来,辅导员的职能也随之拓展,包括帮助困难学生,为学生提供心理咨询、就业指导、学业辅导、思想引导、生涯规划服务,协调人际关系等。2005年,教育部发布的《关于加强高等学校辅导员班主任队伍建设的意见》指出,辅导员是高等学校教师队伍的重要组成部分,是高等学校从事德育工作、开展大学生思想政治教育的骨干力量。2006年,教育部颁布第24号令,进一步将辅导员定位为大学生思想政治教育工作的骨干力量,高校学生日常思想政治教育和管理工作的组织者、实施者和指导者,学生的人生导师和健康成长的知心朋友,重申了辅导员作为教师和干部的双重身份。2017年,教育部颁布第43号令《普通高等学校辅导员队伍建设规定》,从国家层面对高校辅导员提出了全面的角色期望,文件指出,高校辅导员是高等学校教师队伍和管理队伍建设的重要内容,具有教师和管理人员的双重身份。这从宏观角度确定了辅导员在高校以及育人过程中的角色。

2. 高校对辅导员的角色期望

综上所述,尽管教育部第43号令从国家层面对高校辅导员提出了全面的角色期望,但是在实际工作中,人们已经形成了思维定式,认为凡是与学生有关的事,除了课堂教学,无论是政治倾向、学习态度、学习结果、安全稳定、招生就业、生活服务、心理健康等,都是辅导员的事,所以大部分高校对辅导员的角色期望和角色认知可以归纳为以下十个方面:思想政治教育与引导、学风建设与学业辅导、群团工作指导、心理健康教育与指导、素质拓展指导、职业规划和就业指导、宿舍建设指导、班级建设引导、日常事务管理督导、安全稳定工作教导。

3. 大学生对辅导员的角色期望

学生是辅导员工作的直接对象,他们对辅导员的角色期望是辅导员工作的出发点和落脚点。根据现有资料我们发现,不同年级的学生对辅导员的角色期望呈现不同的特点,不同年级的学生对辅导员有不同的要求。根据西华师范大学王小红老师的调研,学生对辅导员的角色期望依次为人生发展的导航者、了解学生的善察者、为人处世的楷模、生活上的关怀者、学习指导者、心理问题的咨询者、学校与学生之间的协调者、思想问题的解惑者以及按章办事的管理者。唐亚琴等老师对湖南省1400名学生的调研结果显示,学生对辅导员角色期望依次为健康成长的朋友(35.2%)、心理咨询师(20.3%)、职业规划师(17.5%)、思想政治教育者(10.5%)、专业学习的辅导老师(9.5%)、日常事务管理者(7.0%)。张瑜、彭庆红两位老师对500名在北京就读的大学生进行了调研,结果显示,学生对辅导员的角色期望依次为思想问题的解惑者、学校与学生意见的沟通协调者、了解学生的善察者、为人处世的楷模、人生发展的导航者、心理问题的咨询者、生活上的关怀者、按章办事的管理者、专业学习的指导者。由此可见,大学生对辅导员的角色期待呈多样化趋势。

4. 高校辅导员自身的角色期望

高校辅导员自身的角色期望包括对岗位的认知和对价值观的定位。然而在现实中,高校辅导员的角色定位并不清晰,甚至出现错位、缺位、虚位或越位的情况。辅导员是教师还是行政管理干部?抑或是并列的两种身份?辅导员明确角色定位,是其卓有成效地开展工作的基础,也是辅导员专业化建设的应有之义。辅导员是以指导学生发展为中心工作的教师,但其职责又有别于任课教师;辅导员在学生发展过程中肩负着重要的管理职责,但又有别于一般的行政管理干部。东北师范大学辅导员魏义梅认为,关于辅导员的角色定位、角色转换、角色现状、问题及改进对策等方面,更多的应是从外部的角度探讨,强调

“应然”的辅导员角色。增强辅导员对自身角色的认识、评价、体验、反思和实践,激发辅导员的角色认同感、责任感、使命感,唤醒辅导员的自主、自为、自律意识,使其树立以辅导员工作为终生职业的信念,促进辅导员向着更高境界自觉、能动、可持续地发展,具有极为重要的价值与意义。江苏师范大学赵玉芬认为,高校辅导员是作为一种以学生素养全面提升、人格全面发展为宗旨的独立学术职业存在的。辅导员专业化建设的目标,应该是从思想观念、专业标准、政策制度等方面,把辅导员职业作为一种专门化的工作领域,作为可以终生从事并能够不断实现个人理想和价值追求的学术职业,作为一项关系高等教育质量特别是人才培养质量能否全面提高的伟大事业来建设,其重点应既不同于一般专业教学领域,也不同于日常事务管理领域,而是以服务学生、引导和促进学生全面发展与健康成长为主要内容的思想政治教育,是包括职业生涯规划在内的学生事务指导领域。

综上所述,自我国辅导员这一职业产生以来,辅导员的职业角色定位在制度的推进和完善下不断获得调整和发展,高校辅导员在经历了单一角色、双重身份、多重定位的角色演变后,从政治主导到教育、管理,再到教育、管理、服务相结合;从大学生“政治领路人”到日常思想政治教育和管理工作的组织者、实施者以及大学生的人生导师和知心朋友；从行政干部兼任到“双肩挑”，再到倡导“专家型”辅导员，由此形成了辅导员身份建构由外到内的渐进发展过程。高校辅导员角色嬗变的历史表明，辅导员的概念和角色具有随着时代的发展和历史的推进而逐渐变化的历史性特征。高校辅导员专业化正是外职业生涯和内职业生涯共同作用的结果。高校辅导员的专业自主发展，实现了由“自在状态”向“自为状态”的转变，由“自觉状态”向“自决状态”的转变，是辅导员队伍专业化发展逐渐走向成熟的标志。进入21世纪，随着国外、国内环境的变化，辅导员队伍建设要适应新情况、新形势，解决新问题，要完成高校人才培养的目标，必须建立一支以专业化为目标的、高水平的队伍。这既是建设和完善大学生人格培育体系的要求，也是推进大学生思想政治教育工作、贯彻全面育人精神的重要举措。

第二节　高校辅导员专业化的概念

在高校组织中从事应用性的专业性职业的高校辅导员，他们的发展当然与专业性职业的发展具有密切联系。高校辅导员是由人构成的一种角色群体，社会变迁也引起了高校作为组织与辅导员作为专业性职业的演变和发展。高校辅导员采取何种方法来主动适应这种变迁、促进自身的职业发展,则是理性权衡的结果。高校辅导员的职业生涯发展,是广泛意义上大学制度变迁的一个缩影,是高校辅导员作为个体,在与外部环境的交互影响之下,在职业等级、职业角色、职业内容、职业能力等各个方面不断适应、成长、发展和进步的一个复杂历程。这个历程,既包括辅导员作为教师身份的学术职业的变迁,也包括其作为管理干部的应用性的专业性职业的变迁,同时也是其高校组织成员等多重身份的发展。总而言之,这个过程是专业发展、个人发展与组织发展的辩证统一。

一、专业的概念及标准

“专业”这个概念一直存在多种不同的理解。广义上的专业概念,可以包括任何一种职业,因为任何一种职业都有其他职业无法替代的某种特质,都具有不同于其他职业的一些劳动特点。1948 年,美国全国教育协会(National Education Association)强调了“专业”的八条标准,即属于高度的心智活动、具有特殊的知识领域、受过专门的职业训练、经常不断地在职进修、把工作视为终生从事的事业、行业内部自主制定规范标准、以服务社会为最高目标、设有健全的专业组织。1969

年，霍勒在《教师角色》一书中指出专业化的六条标准，即履行重要的社会服务、系统的知识、长时间的理论与实际训练、高度的自主性、团体的伦理规范、经常性的在职教育。我国学者叶澜则认为，专业性职业有以下几个基本特征，即在本行业内具有专业的职业实践自主权、具有专业理论知识作依据、具有专门的技能作保证、以重要的社会责任为导向。

综上所述，笔者认为，专业是指具有专门的知识和技能，设有科学的培训机制和培养体系，服务社会并形成规范的职业伦理，拥有专业组织并享有专业自治权，得到社会认可和国家保护。因此，专业化具有三重内涵：一是指专业发展过程的必要性；二是指专业发展的动态性；三是指专业发展的趋向性。同理，高校辅导员专业化水平的提升和高校辅导员队伍专业化发展的方向，在一定程度上取决于我们对高校辅导员队伍专业化建设的基本内涵、特征及现状的掌握。

二、高校辅导员专业化的含义

任何一种科学研究范式都不是凭空产生的，它是某种学术共同体围绕某一领域的核心问题，在遵循问题发展逻辑、选择问题解决路径的过程中形成的。探讨高校辅导员队伍专业化的研究也是如此，问题是选取何种视角，因而对高校辅导员专业化的相关研究成果的考察应从以下两个视角展开。

（一）从国内研究成果的论文视角展开

视角是观察、分析事物的角度和方向。通过前期资料的收集和对中国期刊网等数据库进行搜索，我们发现，作为对国内外高等教育形势深刻变化的回应，党和国家、院校及学界对我国高校辅导员和大学生给予了高度重视和不断关注。在中国知网（CNKI）以“辅导员专业化”为篇名进行搜索，可以发现这些论文大致围绕如下问题展开讨论。

1. 必要性问题

即为什么要提出高校辅导员专业化。许多研究者认为，主要原因是党中央、国务院对高校辅导员队伍建设的高度重视，高校辅导员专业化是紧紧围绕高等教育改革发展的需要的，同时也是大学生成长成才新特点的客观需要，是辅导员队伍自身发展的必然选择，是科学发展观以人为本的理性观照。也有研究者认为，高校辅导员制度是我国高校发展的一项内生性制度。例如，胡华田认为，随着辅导员的学生工作理念由强调服从向培养学生全面发展方向转变，高校辅导员工作在坚持政治化内容之外，增加了为学生服务、指导的社会化内容，这标志着辅导员制度由传统向现代转型。也有研究者认为，我国辅导员队伍发展现状以及存在的一些困惑和不足，要求我国尽快实现辅导员专业化建设。如彭庆红在《试论高校辅导员队伍的专业化建设》一文中认为，高校辅导员角色定位较为模糊，常常既不是行政管理人员、服务人员，又不是思想政治理论课教师，这种模糊定位使得辅导员队伍存在年龄结构断层、受教育体系不健全等问题，这些问题反映出辅导员专业化建设势在必行。

2. 内涵问题

即什么是高校辅导员专业化。很多研究者从不同的角度提出了高校辅导员专业化的内涵。彭庆红认为，辅导员专业化必须形成与完善专门的知识体系，建立专门的教育培训制度与认证体系，建立专门的工作标准与职业伦理体系，发展专业团体并获得专业地位。方宏建认为，辅导员队伍的专业化包含两层含义，一是不经过专门的职前训练就做不好这项工作；二是从业者可以通过长期从事这项工作积累丰富的经验，掌握较强的专业知识和技能，形成知识沉淀，成为某一方面的具有专门造诣的行家里手。靳玉军指出，高校辅导员专业化就其群体而言，是指高校辅导员职业由准专业阶段向专业阶段不断发展，逐渐符合专业标准，成为专门职业并获得相应专业地位的过程；就其个体而言，是指高校辅导员个体的专业水平持续发展和不断完善的过程。另外,李辉、曹琨、周倩、李永山等专家和学者分别就辅导员专业化的内涵,提出了学科融合、职业素养具备、专业组织建立、专业训练等对策。

3. 主体性问题

许多研究者从主体性角度对高校辅导员专业化建设进行了探讨,如赵宏从辅导员专业化发展的伦理困境及其应对出发,提出辅导员主体性价值的实现是推进专业化的关键。杨晓慧则从研究范式转向的视角,解读高校辅导员主体论的基本内涵、范式建构和价值意蕴,认为辅导员主体性素质由应然主体向实然主体的转化将成为推动辅导员专业化建设发展的着力点。

4. 标准问题

标准问题即高校辅导员专业化建设的衡量标准问题。周烁、王栋、陈立永、胡建新、杨东、单惠惠、胡敏、李盛兵等学者在不同时期进行了不同的研究,对专业化标准提出了不同的见解。例如,陈立永将辅导员专业化标准概括为四条:一是有良好的职业道德,强调服务理念和专业伦理;二是有坚固的专业团体组织,队伍相对稳定;三是有明确的职责范围,在专业领域内相对独立;四是有稳定的专业知识和技能,而且在高等教育阶段有其固定课程、核心课程。胡建新则从辅导员队伍成长的纵向和横向角度探讨了高校辅导员专业化标准，即入职标准、合格辅导员标准、优秀辅导员标准和专家型辅导员标准，并从人格、倾向、知识和能力方面构建了辅导员专业化标准的四个立体维度。这一阐述与教育部2014年颁布的《普通高等学校辅导员职业能力标准》(试行)有一定的契合。

5. 现状问题

许多学者主要从理论和实证研究的视角对高校辅导员专业化现状进行研究。理论上，具有代表性的研究者如赵宏认为，当前专业化异化折损了辅导员进行专业活动的自觉性，技术工具性的把持遮蔽了辅导员专业发展的主体意识，专业化发展过程中辅导员的失语阻滞了辅导员专业能力的提升。具有代表性的研究者如叶绍灿、张效英、李小虎、王德华、张光辉、谢斌斌、李建伟、柏杨、赵海丰、施险峰等，对北京、上海、河北、福建、浙江、重庆、辽宁、江苏等省市，从地域、群体等不同视角对高校辅导员专业化现状开展了实证研究。他们的基本结论相同，即辅导员专业化现状不乐观，特别是存在辅导员专业意识不够、专业知识不足、专业技能不精、专业责任不专、专业权力不强、专业自尊不高、专业理想不定等问题。

6. 对策问题

许多研究者针对高校辅导员专业化建设提出了一系列对策和措施，从各种角度进行了探讨。大多数研究者从制度角度提出要强化五项机制，即准入机制、培养机制、保障机制、发展机制、考核机制。也有许多研究者从不同学科的视角提出对策，如以教育法律法规为指导，从国家宏观层面明确辅导员的职责、身份及设置辅导员教育专业，从高校微观层面进行"以方向和梯队定编"的队伍配置模式和"三层次一助一"实践操作模式的探索。有的学者基于胜任力的视角，从动机、特质、自我概念、知识和技能五个层次提出对策。

(二)从国内研究成果的著作视角展开

教育部思想政治工作司高度重视辅导员专业化建设，除领导亲自参与研究外，还通过课题委托的方式集聚专家学者进行深入研究，出版专著、编写教材，进一步为辅导员队伍专业化发展提供精神食粮。

第一，2010 年人民出版社出版了以郑永廷教授为主编、张再兴为副主编的《大学生网络思想政治教育理论与方法》《大学生心理健康理论与方法》《大学生党员培养理论与方法》《高校辅导员队伍建设理论与实践》等 12 本系列书，它们结合教育部重大课题"高校辅导员队伍建设研究"、全国高校思想政治教育研究会重点课题"高校辅导员工作专业化研究”,聚集思想政治教育领域的各类精英,以我国民族文化为背景,以马列主义、毛泽东思想和中国特色社会主义理论体系为指导,以发达国家相关学科知识为借鉴,以当代社会与大学生学习、生活实际为基础,以促进大学生全面发展为目标,旨在探索、形成中国特色大学生思想政治教育理论与方法体系,实现高校辅导员工作专业化与科学化,培育大学生良好品德与非智力因素,与智育紧密结合开发人才资源。郑永廷教授认为,基于对大学生实际生活的划分,辅导员专业化建设要有目标与要求、途径与方法。

第二,教育部思想政治工作司为了更好地科学规范辅导员培训培养内容,提升培训培养水平,进一步加强高校辅导员队伍建设,于2008年年初组织全国高校思想政治教育学科和部分省(区、市)教育工作部门的专家、学者和领导,编写出版了全国高校辅导员培训与研修教材《新中国高校德育发展史》《马克思主义思想政治教育经典著作选读》《高校辅导员职业生涯规划》《高等学校辅导员工作概论》《大学生思想政治教育理论与实践》《大学生思想政治教育研究方法》《大学生管理研究》《思想政治教育原理与方法》《思想政治教育与管理比较研究》《社会工作方法在大学生思想政治教育中的运用》等10余本系列书。每一本都是辅导员参与培训的参考书目,是辅导员攻读硕士学位的参考书目,也是辅导员攻读博士学位的参考书目,为高校辅导员更好地实现专业化建设提供了理论学习和实践参照。

第三,教育部思想政治工作司前两任司长杨振斌、冯刚的亲自领衔和高校领导的参与,进一步拓展了学者们研究辅导员专业化建设的视野。他们主编的《高等学校辅导员培训教程》(2006 年)一书,从历史视角对辅导员工作进行了回顾;张文强所著的《高校政治辅导员职业化研究》(2007 年),论述了高校辅导员职业化的理论基础,并就高校辅导员职业素质、职业发展、职业化对策及政策问题进行了探讨;黄林芳主编的《高校辅导员队伍建设机制论》(2009 年),从体制、机制角度提出了辅导员队伍建设应从专业化发展角度建设"辅导员学"的观点;杜向民等著的《嬗变与开新——高校辅导员制度发展研究》(2009 年),则从制度角度对高校辅导员职业化建设的专业素养、制度体系、职业精神、角色定位、素质能力等问题进行了探讨;冯刚等编著的《辅导员队伍专业化建设理论与实务》(2010 年),从专业化的视角系统论述了辅导员工作的基础、情景、职责、实务、方法和职业愿景等问题;朱正昌著的《高校辅导员队伍建设研究》(2010 年),对高校辅导员专业化建设的目标、业内发展机制、支撑体系和评价体系等进行了深入研究,探索性地提出了解决办法;李忠军著的《高校辅导员主体论》

(2011年),则从主体性视角探讨了高校辅导员专业化成长的本质来源和理论支持,深化了人们对高校辅导员专业化建设的认识。

基于对高校辅导员作为个体和组织人双重身份的分析,高校辅导员专业化建设应包括六个方面的内涵,即专门的知识和技能、工作领域、服务理念和职业伦理、教育培养设施、职业能力测验和测试以及过硬的专业团队。

三、高校辅导员专业化的特征

专门职业是由普通职业发展而来的,我们认为,普通职业发展到专门职业有六项标准:第一,有一支接受过专门职业教育、稳定职业训练的专业队伍;第二,专业人员必须具有系统的知识、专业的价值观念和道德规范,接受过高等教育;第三,享有专业声誉,能承担关键性社会职能;第四,有专业边界的法律、法规或政策的保护;第五,有专业组织对相关公共事务拥有专业发言权,有高度的专业约束自治权;第六,有专业发展的可持续性。就辅导员队伍的专业化而言,应从理论素养的提高、职业理想的提振、专业知识和实践技能的提升入手。

(一)提高理论素养是专业化培养的中心

素养,也叫素质,是决定一个人行为习惯和思维方式的内在特质,在广义上还包括知识和技能。素养是一个人能干什么(技能、知识)、想做什么(角色定位、自我认知)和会怎么做(品质、动机、价值观)等内在特质的组合。专业素养是专门职业对从业人员的整体要求,是指为完成某项工作所必须具备的能力及态度、个性等之和。可以说,专业素养是对人的素养中的某些方面的特殊要求,是从业人员稳固的职业品质,它是以人的天赋为基础,通过科学教育和自我提高而形成的。具体而言,专业素养主要包括专业知识结构、专业能力与技能、专业情意三个方面。专业知识是作为一名专业人员所必须具备的从事某项专业工作的基本知识,这是进行专业活动的基础。专业能力是指从业人员成功完成某种专业活动所必需的个性心理特征,是从业人员必须具备的从事专业工作的基本能力,其水平的高低直接制约和影响活动效率。专业能力主要包含教育、科研、社会服务、自我更新等;专业技能是指从业人员运用实践知识和经验解决具体问题、完成具体任务时的基本要求。专业情意是在对所从事专业的价值、意义深刻理解的基础上,形成的奋斗不息、追求不止的精神境界,是专业人员从事专业活动的不竭动力。专业情意主要包括专业理念、专业情操、专业性向和专业自我四个方面。党的十六大以来,党中央采取了一系列重大举措,中央和教育部连续颁发政策文件,以法律或法规的形式对高校辅导员队伍建设做出规定，对高校辅导员的素养提出了要求，为高校辅导员专业化发展提供了政策依据和制度制约。

第一，《中共中央国务院关于进一步加强和改进大学生思想政治教育的意见》（中发〔2004〕16 号文）要求，高校辅导员的基本素养：政治素质和思想作风好，理论功底扎实，学历层次高；具有较高的师德、业务水平，以及高度的社会责任感；爱岗敬业，教书育人，率先垂范，言传身教，有高尚的人格魅力；具有较强的组织管理能力、心理健康教育能力，具有勇于开拓创新、善于联系实际的能力，掌握国家各项政策和措施，能帮助大学生解决实际问题等。

第二，中华人民共和国教育部第 24 号令《普通高等学校辅导员队伍建设规定》对高校辅导员提出的素养要求：政治强、业务精、纪律严、作风正；具备本科以上学历，德才兼备，乐于奉献，潜心教书育人，热爱大学生思想政治教育事业；具有相关学科专业背景，具备较强的组织管理能力和语言、文字表达能力，接受过系统的上岗培训并取得合格证书；专职辅导员可承担思想道德修养与法律基础、形势政策教育、心理健康教育、就业指导等相关课程的教学工作。而且指出，对辅导员进行思想政治、时事政策、管理学、教育学、社会学和心理学方面的培训以及就业指导、学生事务管理等方面的专业化辅导与培训，开展与辅导员工作相关的科学研究。

第三,《高等学校辅导员职业能力标准(暂行)》(教思政〔2014〕2号文)对初级、中级、高级等不同层级的高校辅导员从职业守则、职业知识、职业标准方面提出了逐层提高的素养要求。不同层级的高校辅导员,尽管在基础知识、专业知识、法律法规知识方面存在共性要求,但该标准根据工作年限的递进对高校辅导员提出个性化的要求,而且根据辅导员选择的职能提出了不同程度的科研要求。

第四,根据《普通高等学校辅导员队伍建设规定》(中华人民共和国教育部令　第43号)新时代高校思想政治教育工作呈现的新特点,对高校辅导员的工作职责和基本条件进行了增补和调整。在工作职责中增加了第七款,即“校园危机事件应对。组织开展基本安全教育。参与学校、院(系)危机事件工作预案制订和执行。对校园危机事件进行初步处理,稳定局面,控制事态发展,及时掌握危机事件信息并按程序上报。参与危机事件后期应对及总结研究分析”。在任职基本条件中将第五条修改为“具有较强的纪律观念和规矩意识,遵纪守法,为人正直,作风正派,廉洁自律”。

上述国家政策和文件提出的高校辅导员工作和素养要求,反映了当前我国高校辅导员工作的角色职责,对明确辅导员专业素养的内涵具有重大的指导意义。综合文件精神所指，我们得出高校辅导员应该具备的专业素养，见表1-1。

表1-1　基于国家政策和文件得出的高校辅导员专业素养

知识	能力	技能	品质
1. 基础知识：具备宽广的知识，了解马克思主义理论、哲学、政治学、教育学、社会学、心理学、管理学、伦理学、法学等学科的基本原理和基础知识； 2. 专业知识：掌握思想政治教育专业基本理论、基本知识、基本方法； 3. 具备法律法规知识	1. 思想政治教育能力； 2. 组织管理能力； 3. 语言、文字表达能力； 4. 课程教学能力； 5. 开拓创新能力； 6. 联系实际的能力； 7. 危机处置和应对能力	1. 群众工作技能； 2. 心理健康教育技能； 3. 就业指导技能； 4. 新媒介使用技能	1. 政治敏感、品行端正； 2. 热爱工作、热爱学生； 3. 责任感强、有奉献精神； 4. 以身作则、为人师表

（二）高校辅导员的专业素养

专业素养是高校辅导员从事学生思想政治教育工作的必备素质，是高校辅导员专业化建设的核心内容。基于对中共中央文件和教育部文件、政策及工作会议精神中有关高校辅导员政策、工作原则、工作任务、工作要求等的解读，以及关于专业素养内涵的研究，高校辅导员应该具备的专业素养主要表现在持久的专业理想和科学的教育理念、系统而多元的专业知识结构、合理且平衡的专业能力结构以及专业道德与专业精神等方面。

1. 专业理想与教育理念

专业理想是辅导员对成为一个成熟的思想政治工作者的向往与追求,专业理想为辅导员提供了奋斗目标,是推动辅导员专业发展的巨大动力,也是辅导员献身思想政治工作的根本动力。杜威指出,很难设想一个对教育工作毫无兴趣的人,一个见到学生就心烦的人,会努力做好教育教学工作。高校辅导员应该用社会主义核心价值体系来指导自己的工作,树立爱岗敬业、为人师表、淡泊名利、勤于学习、乐于奉献、善于创新的专业理想,其核心是对学生的爱心和对思想政治教育工作的热爱。高校辅导员只有在科学的、专业理想的指导下,才会把工作当作事业倾心经营,才会忍受漫长的成果转换周期,才会怀着主人翁的心态自主提高自身的专业素养,促进自身全面发展。高校辅导员作为大学生思想政治教育工作的先锋队和主力军,是社会主义核心价值观的重要传递者和宣传者,是大学生思想成长和观念养成的直接作用者和引领者,为了能更好地履行职责,他们通过对自身职业信念的塑造,更好地对大学生进行理想信念教育,指导大学生顺利实现从校园人、社会人到共产党人的转变,促进大学生树立远大的理想信念。

高校辅导员的教育理念是一个多元、多层次的系统，包含着多个主要的影响要素，如马克思主义信仰、辅导员的实践活动、思想政治教育及相关学科的理论知识、实践活动的情感体验、规章制度和他人经验等。高校辅导员所具有的政治性、教育性、管理性和基层性职业功能，在同大学生的有效互动中将有力地推动其专业理想信念的塑造，极大地激发其职业理想的认同度和幸福感，从而真正实现与大学生树立远大理想信念的互动。

2. 专业知识结构

高校辅导员的工作对象是具有较高文化素养的大学生，他们思维敏捷，善于独立思考，敢于标新立异，涉猎的知识领域广。高校辅导员具备从事这项工作的专业知识，是他们得心应手地做好工作的前提，也是实现专业化的基础。笔者认为，辅导员必备的专业化素养应该包含以下几个方面：

(1)思想政治教育学知识

思想政治教育学的相关知识包括思想政治道德观教育、思想政治教育学原理、思想政治教育史、思想政治教育方法论、比较思想政治教育等。大学生思想政治教育工作实务相关知识，即党的创新理论教育相关知识，大学生党团、班级建设的相关知识、困难资助、奖罚管理等学生日常思想政治教育的知识，网络思想政治教育相关知识和危机事件、突发事件应对与管控相关知识。

高校辅导员是保证高校把大学生培养成为社会主义事业合格建设者和可靠接班人的最直接、最基层的教育者和实施者，也是保证高校社会主义办学方向的坚守者。因此，深厚的思想政治教育学知识是辅导员开展思想政治教育工作必不可少的理论武器。政治性就是辅导员职业的第一性，其职业的全部工作要集中体现在对大学生的政治引导上，即坚持马克思主义在意识形态领域的指导地位，用社会主义核心价值体系引领社会思潮。高校辅导员开展大学生思想政治教育，应引导大学生具有党的观念、社会主义的观念、祖国的观念和人民的观念，把坚定、正确的政治方向放在第一位，构建层次分明的理想信念教育的内容体系，以满足不同学生群体的需要。大学生理想信念教育在主导教育中，应坚持维护社会主义意识形态的主导地位，坚持用马克思主义中国化最新成果武装大学生头脑，确保党的理论创新成果入耳、入脑、入心。大学生理想信念教育应该重视对大学生进行历史教育与国情教育，重视现实生活与网络生活的对接，尊重大学生的个性差异和多样化需求，与其他课堂和科目形成合力来进行有效的教育。

在现阶段就是要做到坚信中国特色社会主义，即以全体中国人民为主体，以公平、正义为核心，以富强、民主、文明、和谐为目标。青年大学生要担负起中华民族伟大复兴的任务，必须做到：在思想上真正认同、笃信马克思主义；在理论上自觉学习、发展马克思主义；在行动上切实贯彻、践行马克思主义。高校辅导员职业的教育性着重体现了学校思想政治教育的全方位性，以辅导员队伍为主实施的学生日常思想政治教育，贯穿大学生从入学到毕业、就业的全过程。

(2)教育学、心理学知识

高校辅导员是大学生成长阶段最直接的引导者，大学生在成长过程中所遇到的思想、心理、人际交往、专业学习、发展方向、职业选择等诸多问题，都需要辅导员的正确引导，这导致辅导员的工作时间长、强度大、任务重、变化快，这不仅要求辅导员具有健康的体魄，更要具备良好的心理素质。因此，教育学、心理学成为高校辅导员做好学生工作的重要理论基础。教育学知识包括现代高等教育思想与教学理念、高等教育的目的与价值、教育科学研究方法的知识、教育法律法规，教育学知识是辅导员掌握教育基本规律、原则和方法的基础。心理学知识包括成长心理、学习心理、人际心理、恋爱心理、职业心理等方面的知识，是辅导员开展个体和团体心理辅导的基础。

(3)职业生涯知识

1908 年 1 月 13 日,管理理论的奠基人、美国波士顿大学教授帕森斯(Parsons,“职业辅导之父”)创立了“波士顿职业局”,1909 年 5 月他出版了著作《选择职业》,这两件事标志着对职业生涯问题的研究进入了学者们的视野。而后,著名学者沙特列(Shartle)、麦克·法兰德(Mc Farland)、萨柏(Supper)、施恩(Sehein)、韦伯斯特(Webster)、伊万彻维奇(Ivancevieh)、格拉克(Gleek)、罗斯威尔(Rothwe)、思莱德(Sredl)、格林豪斯(Greenhaus)、克拉那(Callanan)等,从职业选择理论和职业生涯阶段理论出发,论证个体的职业生涯是一个动态发展的过程,职业生涯是由一系列的发展阶段构成的,在职业生涯的每一个阶段,都有其独特的发展使命和核心内容;处在生命历程的不同时期,个人对职业的选择和对发展的观点也有所不同。从 20 世纪 60 年代末开始,富勒、费斯勒、休伯曼、鲍德温等学者将职业生涯发展理论应用于教师研究领域,使人们对于教师职业生涯的认识得到深化。

大学生职业生涯规划和就业指导,是高校辅导员工作的重要构成部分,特别是 2008 年世界金融危机以来,大学生就业难成为一种普遍现象,因而职业生涯规划知识成为辅导员专业知识结构中不可或缺的部分。职业生涯规划知识包括类型学理论、发展性理论、人际交往学、礼仪学、职业指导基础理论、职业指导政策与法规、生涯规划基本理论、劳动法、社会保障法、合同法等,这些理论都是辅导员对大学生进行职业生涯规划指导所必须学习和掌握的学科知识。掌握这些知识,可以提升辅导员对大学生的职业生涯规划指导能力。

(4)人才学和现代管理科学知识

21世纪是知识创新和可持续发展的时代,高校人才培养的核心是造就具备创新创业能力和实践能力的人才。高校辅导员需要秉持一种正确的人才观,按照新时代的人才标准对学生进行培养、教育和引导,其涉及组织行为学、现代管理思想、高等教育管理学、管理心理学、激励学等方面的知识。

(5)广博的人文社科素养和自然科学知识

作为大学生人生发展的导航者和服务者,高校辅导员还必须具备广博深厚的人文基础,掌握较为丰富的各类学科知识,这有利于辅导员指导学生强化综合素质,促使辅导员适应新时期的创新创业精神培育和教学实践技能开发。

3. 专业能力结构

能力通常指完成一定活动的本领,包括完成一定活动的具体方式以及顺利完成一定活动所必需的心理特征,能力是在人的生理素质的基础上，经过教育和培养，并在实践活动中吸取人民群众的智慧和经验形成和发展起来的。在这里，专业能力是指辅导员必须具备的从事思想政治教育工作的基本能力，主要包括交往、组织管理、教育教学和科研创新等能力。

（1）交往能力

交往能力是人们在社会交往中表现出来的能力，是人们参加社会集体活动，与周围人保持协调的最为重要的能力。高校辅导员工作是一项具有社会性质的工作，辅导员需要深入大学生群体，接触、观察、了解学生，需要在学生与学校、任课教师、班主任、学生家长等之间进行沟通与协调。因此，交往能力是辅导员工作所必备的能力，主要包括观察和辨别能力、语言和文字表达能力以及沟通能力。

（2）组织管理能力

组织管理能力是高校辅导员驾驭全局和处理各种突发事件的基本能力之一，也是对大学生进行有效、有序管理，取得事半功倍的效果，真正成为大学生思想政治教育工作的组织者和指导者的保证。这种能力主要包括领导力、决策力、组织力、协调力和执行力。

（3）教育教学能力

高校辅导员作为思想政治教育工作队伍的重要组成部分，担当着思想政治教育的重任,要使大学生在“思想道德修养与法律基础”“形势与政策”等课程中有所收获,高校辅导员应具备有效信息选择、处理及获取,课堂教学节奏把握与纪律管理,个体关注与群体兼顾,发现问题与解决问题,认识与发展学生良好品质的教育教学能力,以激发课堂教学对大学生的吸引力和感染力。高校辅导员的工作要以我国改革开放和现代化建设的实际问题为靶心,着眼于中国特色社会主义理论的应用,着眼于对改革开放中实际问题的理性思考,着眼于新的改革实践和发展。在教案设计中,高校辅导员要把学习理论和关注重大现实问题及解决大学生的思想问题实际结合起来,引导大学生在重大政治问题上明辨是非、正确剖析问题,引导大学生掌握思辨的能力,以求充分发挥真理的力量、逻辑的力量,进而帮助大学生学会科学地认识和分析复杂的社会现象,树立并巩固对中国共产党的认同感、对中国特色社会主义道路的忠诚感、对中华民族与国家事业的责任感。

(4)科研创新能力

高校辅导员的研究能力,是指善于将自身在工作领域中发现的实践问题理论化的能力,具体指辅导员针对工作对象、工作载体、工作效率、工作热点、工作焦点、工作难点等问题,结合学生成长成才成人的特点和思想政治教育的相关规律,从实践中进行理论的高度凝练,推进日常工作科研化、科研工作基层化的能力。

高校辅导员的创新能力是指辅导员善于针对环境的新变化随时做出工作方法、工作思路和工作理念创新的能力，它包括注重素质培养的自身创新、竞争意识的自我增强、创造意识的自我培育、超前意识的自我挖掘、国际视野的自我开拓、创造性思维习惯的自我形成。同时，实现工作的现代化和科学化，实现由“封闭式”向“开放式”、由“静态”向“动态”、由“经验型”向“科学型”、由“管理型”向“服务型”的转变，并在学生工作的新突破与新发展中继续寻求创新范式。

4. 专业道德与专业精神

高校辅导员的专业素养不仅包括辅导员所必须具备的知识、技能等方面的智能因素，而且包括以专业道德和专业精神为核心的情意因素。辅导员的道德、精神等情意因素，主要包括职业态度、职业道德、职业情感、职业信念与职业自信等。专业素养对于辅导员专业化发展有着直接的影响。

(1) 专业道德

高校辅导员的专业道德是高校辅导员从事思想政治教育工作所应具有的且通过工作行为体现出来的，对绩效产生直接影响的行为准则。新时期的高校辅导员树立了新的学生观，将学生看作发展的人、独特的人、完整的人，是有责任能力的行为主体。专业道德在辅导员工作中集中体现为高度的责任感、自律性、非营利性的服务动机、奉献精神、善于合作的品行和对学生大公无私的关爱。辅导员高尚的专业道德情操和践行过程，可以为学生做出表率，这是道德教育从理论向实践转化的“催化剂”。

(2)专业精神

专业精神是辅导员做好本职工作的重要保证和内在动力，有助于辅导员把自己所从事的工作与社会发展联系在一起，从而对自己的工作充满事业心和责任感。专业精神突出表现为强烈的职业意识。职业意识是指人们关于职业的观念形态，即对职业和所从事工作的看法、理解、评价、满意度和愿望等，它对从事的工作起着巨大的促进(或阻碍)作用。

综上所述，笔者对国家政策要求、工作内容和社会角色三个维度具体分析，形成了高校辅导员专业理想与教育理念、专业知识与专业技能、专业道德与专业精神三位一体的高校辅导员专业素养结构系统。三者之间是辩证统一、相辅相成的关系，即专业化培养的中心是提高专业素养，专业化培养的基础是增强职业精神，专业化培养的重点是熟悉专业知识，专业化培养的落脚点是掌握实践技能。辅导员专业化发展不仅在于专业知识的学习,更在于专业能力和专业品质的提高;辅导员认识自我价值的过程,既是不断履行现实要求的过程,也是专业化发展的过程,更是对学生进行持续不断的人格培育的实践过程与对自己专业化成长的批判性反思的过程。辅导员专业化不仅仅是指要持续不断地依托专门的机构对辅导员进行科学管理和培养,更要构建终生专业训练的科学体系,实现专业化知识和技能的掌握、专业精神的完善、专业道德的养成、自身科研和创新能力的提高,全面有效地履行高校辅导员职责。这个过程包括个体和群体专业化共赢,两者是密切联系、相互制约的共同体。“辅导员专业化发展”是“辅导员即研究者”的同义语。优秀的辅导员不仅是知识和美德的化身,用知识引领青年,用知识吸引青年,用知识丰富青年,更用美德影响、熏陶青年,师生在互相感染中共同成长。

四、影响高校辅导员专业化发展的主要因素

高校辅导员专业化发展是高校辅导员职业生涯发展的必经之路,受内外部影响因素的制约。

(一)个人因素

1. 教育背景

一般来说,一个人的受教育水平和专业背景在很大程度上决定了个体的职业能力、思维模式和职业态度。在现有的实证调研中,我们发现从事高校辅导员工作的人员专业背景呈现“百花齐放”的状态。历史的原因或是高校扩招所带来的辅导员数量的急骤上升,导致很多非思想政治教育相关专业毕业的人员从事这一职业,这在一定程度上削弱了高校辅导员工作的政治性。

2. 动机与需要

乐业、敬业、守业应该是个体从事一个职业的最初动机,但据对全国目前从事高校辅导员这一职业人员的最初从业动机的调查,可知,把高校辅导员作为终生事业的人员非常少;据高校辅导员系列博士培养基地(位于浙江大学)统计,已有 1/3 的人离开辅导员岗位,有的转岗到教学管理岗位,有的转岗到专任教师岗位,有的通过参加国家公务员考试离开了学校,所以端正高校辅导员从事这一职业的动机非常重要,它决定着这一职业专业化的程度。

3. 个性与价值观

职业价值观将影响个体职业选择以及从事职业的态度。个性则更多来源于后天培养，随着年龄的增长和生活经验的不断积累，个人职业的价值和信仰会发生改变。

(二)环境因素

1. 社会环境

社会环境主要是指与高校辅导员工作组织、工作对象、工作内容等相关的国家宏观的政治、经济、文化、生态等环境。

2. 大学组织环境

大学组织直接影响着高校辅导员专业化建设的具体情况。学校的发展理念、工作重点、规章制度、文化氛围、育人模式等构成了高校辅导员专业化建设的现实环境，既为高校辅导员专业化建设创建了条件，也为高校辅导员专业化建设设置了约束。

3. 家庭环境

家庭是高校辅导员社会化的最初基地，对于适龄的高校辅导员，家庭同样是高校辅导员专业化发展的影响因素。家庭对高校辅导员在专业化建设过程中的支持与鼓励、干扰与阻滞，以及高校辅导员在家庭中的角色扮演、角色地位等，都会成为高校辅导员专业化建设的助推器或羁绊。

可见,高校辅导员专业化建设的实现并不是由单一因素决定的,而是合力的结果,而这种合力的结果,正是我们关注的组织的主导与个体的主体结合的成果。

第三节　高校辅导员制度

我国高校辅导员制度是适应我国革命、建设、改革发展进程中中国特色社会主义先进文化的基本制度,是适应我国社会主义大学办学理念和育人目标的有效举措,其经历了一个产生、形成、发展和繁荣的过程。

一、高校辅导员制度的缘起:政治工作制度

探讨我国高校辅导员制度的缘起,要追溯到中国军队早期实行的"政治指导员"制度。1924 年 6 月,黄埔军校作为一个军官学校正式成立,为保证革命军具有革命精神,孙中山决定实行政治工作制度,新型的政治指导员制度由此开启。1927 年南昌起义后,我国进入中国共产党领导人民进行革命战争和创建革命军队的新时期。为加强部队的思想政治工作,周恩来倡导建立中国共产党组织,并在起义部队

的各军、师设党代表，在连以上组织设政治指导员。这一时期的政治指导员的职责是积极开展政治思想教育工作，加强对官兵的政治训练，提高官兵的阶级觉悟，纠正各种非无产阶级思想，保证党的正确路线的贯彻执行和各项任务的完成。1930 年 12 月，党中央颁布《中国工农红军政治工作暂行条例草案》，对政治教育指导员作了明确规定："须担任政治教育完全的责任，他必须非常了解党、苏维埃政权及工农红军的组织原则、任务和目的，在军事方面应有与连长同等的军事知识；他必须做全体军人的模范，他必须了解全连人员的姓名、籍贯、社会出身、个性、工作能力及政治认识程度等。"这一条例一直沿用到 1933 年党在江西瑞金创办的培养党政干部的苏维埃大学，1937 年苏维埃大学迁到延安，并改名为"中国人民抗日军事政治大学"，但政治指导员制度仍然坚持了下来。

二、高校辅导员制度的形成标志：1953 年清华大学设立辅导员

中华人民共和国成立后，中国高等教育事业发生了历史性的转折。各地军事管制委员会接管高等学校并实行政治指导员制度。这一时期，由于专门负责思想政治工作的学校机构还没建立成型，学校思想政治教育工作由进驻高校的军事管理委员会和党团组织共同负

责,留在高校的一批选派的政治工作干部,专门负责学生和教师的思想政治教育工作,这为我国高校思想政治教育工作队伍建设奠定了良好的基础。1951 年 11 月 30 日,政务院在《关于全国工学院调整方案的报告》中提出"设立专人担任各级政治辅导员,主持政治学习、思想改造工作"。1952 年 10 月 28 日,教育部发出了《关于在高等学校有重点地试行政治工作制度的指示》,提出要有准备地设立高等学校政治工作机构,名称为"政治辅导处",并规定政治辅导处的任务。政治辅导处主任由校长提名,报教育部任命,下设辅导员,主要任务为在政治辅导处主任的领导下,辅导和组织一个或几个系的学生的政治学习和社会活动,组织推动教职员工的政治理论学习和社会活动。政治辅导员应选择若干人兼任政治理论课助教,以便逐渐培养,使之成为政治课教员。为加强党对高等教育事业的绝对领导,党抽调了一部分经过革命洗礼,有一定文化基础又有坚定政治素质的同志主持高等学校党的工作,开展学校的思想政治教育工作。当时的学生工作,也是在党委的领导下,在政治辅导处和基层共青团组织的具体指导下开展的。政治辅导处和基层共青团干部实际上是政治辅导员。

1952 年是中华人民共和国成立后全国对高校实行第一次院系大调整的时间,1953 年 5 月,中共中央政治局会议决定"从宣教部门、青年团抽调干部充实大学领导”。当时由团中央调任清华大学任党委书记的蒋南翔同志在分析高等学校人才培养的背景时，创造性地提出“政治辅导员制度作为解决和推进高校思想政治教育和人才培养模式改革的思路和实践”的建议。1953年4月3日，清华大学向当时的高等教育部、人事部递交了设立政治辅导员制度事宜的专门报告，并得到批准。同年秋，政治辅导员制度在清华大学正式建立，开创了我国高校辅导员制度的新纪元。

三、高校辅导员制度的第一次发展(1961—1966年)

1961—1966年是高校辅导员制度发展的重要阶段。这一时期，在高校基本形成了党委统一领导，校长负责，各政工部门、各党团组织、政治理论课教师和辅导员等共同参与开展的思想政治教育工作体系。

1961年9月15日，中共中央批准试行《教育部直属高等学校暂行工作条例(草案)》(也称“高校六十条”)。该条例对高等学校学生的思想政治工作做了明确规定，指出：“为了加强思想政治工作，在一、二年级设政治辅导员或者班主任，从专职的党政干部、政治理论课教师和其他青年教师中挑选有一定的政治工作经验的人担任。同时，要逐步培养和配备一批专职的政治辅导员。”这是在中共中央文件中第一次正式提出要在高等学校设置专职政治辅导员。1964 年 6 月 10 日，中共中央批转高等教育部党组《关于加强高等学校政治工作和建设政治工作机构试点问题的报告》指出："在高等教育部设立政治部，要求在直属高校设立政治部作为党委的工作机构，确定北京大学、清华大学为高等学校建立政治部的试点学校。同时，提出在两三年内配齐班级的专职政治工作干部，其编制为平均每 100 名学生至少配备 1 人。干部主要从高等学校优秀毕业生中间选留。这些选留的从事思想政治工作的毕业生就是辅导员。"翌年，高等教育部政治部发文，重申设立专职干部的重要性，对干部的编制数、来源作了翔实而明确的规定，并以法规的形式颁布《关于政治辅导员工作条例》，这标志着我国高校辅导员制度已经形成。

四、高校辅导员制度的恢复和重新发展(1978—1999 年)

1978 年 4 月 22 日至 5 月 16 日，在北京召开的全国教育工作会议，作出了恢复统一高考制度的决定，明确了高等学校教育工作的一系列方针政策。在学生思想政治工作方面，教育部起草修改的《全国普通高等学校暂行工作条例》明确规定："为了加强对学生的思想政治工作，必须建立一支学生思想政治工作队伍，在一、二年级设立政治辅导员。”该条例的颁布，对高校政治辅导员制度的恢复起到重要的作用。根据条例规定，各高校选拔了一批青年教师做政治辅导员。由于实行半脱产，担任政治辅导员的这些青年教师既要承担本身的业务工作，又要负责学生的思想政治工作。

1980 年 3 月，邓小平同志在论及思想政治工作时，号召学习清华大学的经验。随后，1980 年 4 月，教育部、共青团中央共同发出了《关于加强高等学校学生思想政治工作的意见》，这一文件明确规定了对于包括政治辅导员在内的高校学生政治工作队伍的培训、考核和保障措施。

1981 年，教育部在《高等学校学生思想政治工作暂行规定》中进一步指出：“做好学生思想政治工作，需要有一支又红又专、专职与兼职相结合的队伍。要选拔政治觉悟高、作风好，具有一定思想理论水平、政治工作能力的具有大学文化程度的干部、教师和高年级学生从事学生思想政治工作……在第一线从事学生思想政治工作的政治辅导员，可按 120 名左右学生配备 1 名……中青年教师要积极并努力做好班主任或兼职政治辅导员工作。要把对学生进行思想政治教育的成绩，列为考核、晋级的一项重要内容。在教师兼任辅导员期间，要保证有一半左右时间做学生的思想政治工作。期满后给予一年左右的脱产进修时间。兼任班主任和辅导员的教师、干部，每月发给一定数量的岗位津贴。”同时，对高年级大学生或非研究生半脱产担任政治辅导员的人员也作了具体规定。

20世纪80年代，教育部考虑到我国思想政治工作队伍仍然存在着数量不足、质量不高、思想不稳、后继乏人、总体水平不能适应形势发展需要的新情况，为了促进高校政治辅导员队伍在质量和水平上的提高，提出建设和发展我国思想政治教育学科。1983年开始，在高等学校设置思想政治教育专业，采用正规化的方式培养大专生、本科生和第二学位生及研究生等各种层次的思想政治工作专门人才。1984年4月13日，教育部批准在12所院校设置本科思想政治教育专业。同年6月9日、6月30日教育部分别颁布了《关于在六所高等院校开办的思想政治教育专业的第二学士学位班的意见》《关于在高等学校举办思想政治教育本科班的意见》。到1986年，全国已有清华大学、复旦大学、南开大学、武汉大学、浙江大学、华东师范大学、西安交通大学等30多所高等院校设置了思想政治教育专业。相当一部分政治辅导员和共青团团委、团总支骨干修读该专业，毕业后返回高校，成为学生思想政治工作队伍的生力军。1986年5月，国家教育委员会做出《关于加强高等学校思想政治工作的决议》，这个决议对政治辅导员的选拔、培养、使用和今后发展的方向作出了明确的规定。同年，国家教育委员会还发出了《关于选配品学兼优的应届毕业生充实高等学校思想政治教育工作队伍的通知》《关于在高校学生思想政治教育专职人员中聘任教师职务的实施意见》等系列文件，拓展了思想政治教育工作队伍的来源。

1987 年 5 月 29 日，中共中央颁发了《关于改进和加强高等学校思想政治工作的决定》，对人才教育培养目标全面而又具体地提出了思想政治道德方面的新要求。该文件第一次确认了辅导员是高校教师的组成部分，为政治辅导员的发展提供了政策保障。此外，教育部依据此文件制定了《关于加强党务和思想政治工作队伍建设的若干意见》，具体规划了高校学生辅导员队伍建设的目标、原则、素质要求、岗位培训、职称评定等方面的问题，但政治辅导员的角色定位依旧没有大的变化。1987 年 10 月，国家教育委员会印发了《关于思想政治教育专业培养硕士研究生的实施意见》，指出："思想政治教育是社会主义精神文明建设的重要组成部分。在新的历史时期，高等学校和社会各部门都亟须具有适应思想政治工作要求的知识结构和实践能力的高级人才从事思想政治教育工作。加强思想政治教育学科和专业建设，开辟培养思想政治教育高层次专门人才的有效途径，已经成为一项十分紧迫的任务。为了适应高等学校和社会的需要,决定从1988年开始,招收思想政治教育硕士研究生。”

1988年,我国高校首次开展了思想政治教育教师职务评聘工作,并于年底结束。从1989年起,思想政治教育教师职务的评聘工作与其他教师的评聘工作同步进行,成为一项常规工作。这一举措,不仅有利于思想政治教育工作者素质的提高和作用的发挥,而且促进了思想政治教育学科的发展。可以说,这一时期出台的一系列文件对高校政治辅导员队伍建设具有长远的指导意义。

进入20世纪90年代,高校辅导员制度的重大发展机遇主要体现在高校思想政治工作管理体制的改革与完善。《关于加强高校党的政治建设的若干措施》《关于新形势下加强和改进高等学校党的建设和思想政治工作的若干意见》《中国教育改革和发展纲要》等文件的印发,为进一步加强和改进高校党的领导和思想政治教育工作指明了方向。其中,《中国教育改革和发展纲要》指出:“高等学校要建设好一支以精干的专职人员为骨干、专兼职结合的思想政治工作队伍。”《中共中央关于进一步加强和改进学校德育工作的若干意见》(1994年),明确建立和完善以校长及行政系统为主的高校德育管理体制,要求各高校建设一支专兼结合、功能互补、信念坚定、业务精湛的德育工作队伍,并且从培训与激励、政策保障制度等各方面明确规定了德育工作队伍的建设要求。

《中国普通高等学校德育大纲》由国家教育委员会在1995年11月23日颁布,提出:“学校应当采取有效措施切实加强思想政治教育工作队伍建设,努力培养和造就一批思想政治教育的专家和教授,并要求专职政工人员与学生的比例大体掌握在1∶120~1∶150,规模较小的学校应视实际情况酌情提高比例。”在这一时期,我国高校多次进行规模较大的校内人事制度改革,如在1993年、1998年前后多次进行了较大规模的高校改革、合并、重建及扩建等工作。由此,出现了一校多区、一校多地、一校多层次办学等现象。虽然高校学生思想政治工作领导体制与组织基本框架没有发生根本性的改变,但是高校学生工作机构的设置出现了一些较大的变动。高校学生辅导员队伍组织结构的具体形式也更加多样,职能更加丰富,队伍规模更加壮大。1999年,为全面部署和深化教育改革,推进素质教育工作,中央召开了第三次全国教育工作会议,同时印发了《中共中央关于加强和改进思想政治工作的若干意见》,强调“按照提高素质、优化结构、相对稳定的要求,建设一支政治强、业务精、作风正的思想政治工作队伍……对思想政治工作者要注意关心和培养,帮助他们提高思想政治素质和业务能力,对做出突出成绩的要给予表彰和奖励”。在此期间,全国各地高校结合文件精神,纷纷从品学兼优的党员师生中选拔人才组成队伍,如浙江大学等一些有条件的高校采用“2+2”的模式即“保送研究生或研究生保留学籍”的形式扩大辅导员队伍的来源,具体办法是优秀本科生毕业留校担任两年辅导员的工作后就可以进入相关专业进行硕士研究生学习,这一举措成效明显。

五、21 世纪高校辅导员制度的进一步发展和完善(2000 年至今)

进入 21 世纪,高校辅导员制度进入一个全面发展的时期。大学生作为科教兴国和人才强国的重要生力军,党和国家从战略高度来重视和加强这一特殊群体的思想政治教育工作。2000 年 6 月,江泽民同志在中央思想政治工作会议上强调,“必须建设一支政治强、业务精、纪律严、作风正的专兼结合的思想政治工作队伍”。同年 7 月,《关于进一步加强高等学校学生思想政治工作队伍建设的若干意见》由中共教育部党组颁发,对高等学校思想政治工作队伍建设提出了指导性意见,将思想政治工作队伍建设的重要性和紧迫性提高到了战略的高度。2004 年 8 月 16 日,中共中央、国务院颁发《关于进一步加强和改进大学生思想政治教育的意见》,指出:“辅导员和班主任队伍是大学生思想政治教育工作队伍主体的重要组成,是大学生思想政治教育工作的骨干力量。"这一提法一以贯之地得以落实,充分说明了大学生思想政治教育的重要性和实施方法的有效性。至此,辅导员的角色定位也发生了变化,成了"大学生健康成长的指导者和引路人"。这一文件从大学生思想政治教育工作队伍的选拔、培养和管理机制等各方面作出了具体规定,并对高校政治辅导员的数量和待遇作出了原则性的规定。

为全面贯彻落实中发〔2004〕16 号文件精神,2005 年颁布的《关于加强高等学校辅导员班主任队伍建设的意见》,再次强调辅导员队伍建设的重要性,同时提出了专职辅导员来源、配备比例、培训方式,切实为辅导员、班主任工作和发展提供政策保障,解决好评聘教师职务问题和职称评定问题,统筹规划专项辅导员发展问题,完善评优奖励制度等。2005 年 1 月 17 日,胡锦涛同志在全国加强和改进大学生思想政治教育工作会议上,再次重申了建设一支高水平的辅导员队伍在大学生思想政治教育中的重要意义。

2006 年 4 月 27—28 日,教育部在上海组织召开全国第一次高校辅导员队伍建设工作会议,会议明确了辅导员角色的"双重身份"、日常事务的"双重管理"、职称和职务的"双线晋升"、待遇的平等对待、空间的有效发展。同年9月,《普通高等学校辅导员队伍建设规定》(教育部24号令)颁布,对辅导员队伍建设的要求与职责、配备与选聘、培养与发展、考核与管理作出了更进一步的要求和规定,这是高校辅导员队伍建设的纲领性文件。2006年7月,教育部制定与实施了《2006—2010年普通高等学校辅导员培训计划》,要求高校辅导员培训遵循"'理论联系实际,突出专业特点;注重区分层次,力求科学施教;注重系统规划,保证培训质量;注重研究借鉴,创新培训机制'四大原则……明确培训目标为'以教育部举办的全国辅导员骨干示范培训为龙头,以辅导员培训和研修基地举办的培训为重点,以高校举办的系统培训为主体,与学习考察、学位进修、科学研究、研讨交流等多种形式相结合,构建分层次、多形式的培训体系'",逐步建立辅导员持证上岗制度,到2010年,完成辅导员的轮训工作,使辅导员队伍整体素质明显提高,培养和造就1000名在思想政治教育方面有一定国内影响力的专家。为落实中央和教育部的有关文件精神和要求,全国各地教育厅、高校工委纷纷召开省内相关工作会议。专项基金的设立、培训计划的实施、培训和研修基地的建设、辅导员网站的开通、岗位交流机制的探索、上岗持证制度的实施等,从中央到地方作为一项重大的政治任务来对待,各高校响应号召,积极探索,认真落实,大力加强和推进了辅导员队伍建设，为我国高校辅导员制度的不断发展完善提供了很好的思路和做法。

2008 年 7 月 10 日，中国高等教育学会辅导员工作研究分会在山东大学成立，这标志着辅导员专业性组织的成立。2008 年，教育部对专职辅导员身份进行了界定，2009 年全国高校辅导员培训与研修专业性教材出版，2011 年教育部办公厅开展自查工作。2012 年，教育部在全国广泛征集高校辅导员誓词并征求意见，职业技能大赛等高校辅导员活动也相继得以开展。2013 年《普通高等学校辅导员培训计划（2013—2017 年）》颁布，2014 年《高校辅导员职业能力标准（试行稿）》颁布，2014 年“高校辅导员访问学者计划”推出，2017 年教育部颁发第 43 号令，等等。这一系列文件的出台及一系列实践育人的突破，更进一步确定了辅导员队伍建设的主旨内容、活动载体及成效检查等，由此，辅导员专业化建设和发展进入了一个崭新的时期。

第四节　高校辅导员职业生涯

职业生涯特指人追求自我、实现自我的人生历程，对个体实现人生价值起着决定性的作用。职业生涯理论起源于 20 世纪初的美国，以帕森斯的《选择一个职业》为起点，该理论一直注重理论和实践两方面。

在英语文化中，与“职业生涯”(career)相关的单词很多，如job、work、occupation、profession等，但细究起来它们还是存在一定的差异。例如，job指的是在一个特定的组织中，由一个或多个具有一些相似特征的人所从事的带薪职位；work是指制造某些对自己或他人有价值的东西的活动，既包括物质的也包括精神的；occupation是指一个人为获取主要生活来源而长期从事的稳定性工作，体现的是一种社会分工，社会预设各种行业，个人选择参与其中；profession是指专门职业或专业性职业，是职业分类的结果，主要指一些知识含量较高的特殊职业，其基本特征就是从业者需要较多的专业性知识。当一个拥有专业性知识的人把知识服务于社会并获得报酬时，他所从事的就是专业性职业。因此，高校辅导员就是专业性人群。

一、职业生涯的含义

20世纪初以来，国内外专家学者对职业生涯的研究一直没有停步，他们针对自己研究对象和研究领域的不同，对职业生涯给出了不同的定义。笔者选取有代表性的摘录如下。

麦克·法兰德认为,职业生涯是指依据理想的长期目标所形成的一系列工作选择以及相关的教育或训练活动,是有计划的职业发展历程。

美国国家生涯发展协会认为:职业生涯是指个人通过从事工作所创造的一个有目的、延续一定时间的生活模式。

国内学者高桥等认为,职业生涯专指个人生活中或与工作相关的各个方面,广义上它指从职业能力的获得、职业兴趣的培养、选择职业、就职直至最后完全退出职业劳动这样一个完整的职业发展过程。

综上所述,笔者认为,职业生涯就是指个人的职业人生过程及其与周围一切发生的关系。

二、职业生涯的基本构成

随着对职业生涯含义研究的深入,不同学者对其构成也发表了不同的见解,其中有两位代表性人物的观点十分相近,格林豪斯和施恩均认为,要充分理解一个人的职业生涯,必须把个人所处的客观环境和个人的主观特征结合起来进行辩证的考察。他们认为,职业生涯由内职业生涯和外职业生涯两部分构成。笔者比较赞同他们的观点。

1. 外职业生涯

外职业生涯具体是指客观事件或情境，如工作职位、工作职责、工作地点、工作活动、工作对象、工作任务、工作待遇等因素的组合及其变化，以及工作与相关的决策等。

2. 内职业生涯

内职业生涯具体是指对与工作有关的事件的主观知觉，如从事该项职业所具备的知识观念、心理、素质、能力、内心感受等因素的组合及其变化过程，主要涉及个人对工作的期望、价值观、态度和发展趋向等。内职业生涯的构成要素包括个体在职业生涯发展过程中，通过自身努力以提升素质与职业技能，从而获取的个人综合能力。

三、职业生涯的基本属性

通过对职业生涯的含义和基本构成进行分析，笔者认为职业生涯具有以下五个基本特征。

1. 个体性

职业生涯是指个体的行为经历，而非群体或组织的整体行为。对个体而言，每个个体的职业生涯都是独特的、唯一的、不可比拟的，个体的职业生涯尽管不是群体性的活动，但与组织有着密不可分的关系，因为个人从属于组织，个人的职业生涯始终随着组织的成长发展而不断与之适应。

2. 时间性

职业生涯是个体人生阅历的一部分，它始于入职前的专门学习和培训，经过入职期的整体历程，终于个体完全结束或退出职业生活，它指的是一个时间过程。

3. 综合性

根据格林豪斯和施恩的研究，职业生涯具有综合性，既有着可见的满足性的职业生存的客观条件，也有着潜在性的必须通过个体不懈努力才能达到的从业综合能力和整体素质，因此，它不是单向度的，而是综合。

4. 目的性

职业生涯是考察个体存在价值的表征之一，个体在整个职业生涯过程中不断观察、选择、取决、奋斗，因此，它不是偶然发生的也不是自然运行的，而是追随着既定的目标不断向前的过程。

5. 发展性

职业生涯是个动态的概念，在客观上可能是一成不变的，但是在主观上一直处于不断超越的进程中，有着良性的成长和可变化的期盼，是个体基于自身内在生命意义和价值目标驱动，不断进行自主选择、自觉追求、自觉感悟和不断超越向上的过程，在这个过程中，个体实现外在与内在共赢的目标。

四、专业性职业的基本特征

专业性职业（profession）是职业的一种特殊类型，从一般意义上的职业（occupation）到专业性职业，是一个专业化程度不断提高的过程。专业性职业是社会分工进一步细化的产物。在这一过程中，知识扮演了重要的角色，其本质是知识不断专业化、制度化、高深化的过程。专业性职业是一种以高深知识的发现、创造、综合、传授和应用为工作对象的特定社会分工职业。美国社会学家塔尔科特·帕森斯认为，专业性职业包括应用性职业和学术职业两个部分。应用性职业以应用高深知识为主要工作手段，而学术职业则需要创造新的高深知识、传授和综合高深知识。高校辅导员专业化建设的过程，笔者认为正是从应用性职业向学术职业发展的过程。

布兰迪斯（Brandeis）认为，专业性职业是具有全日制的正式职业，以深奥知识、才能和技术为基础，为公众和社会提供无私的服务。莫尔(Moore)提出了专业性职业的六大标准,即一种全职职业,从事该职业是收入的主要来源;在选择职业生涯方面具有强烈的动机和使命感,并终生致力于该专业;组成专业协会,保护专业自治,制定专业自主管理的规则与标准;通过漫长的教育、培训掌握专门的知识和技能;具有超越个人私利的服务性质;比顾客自己更清楚什么对顾客有好处,在作出判断时高度自主。

综上所述,高校辅导员专业化正是从应用性的专业性职业向学术职业发展的过程。这一过程需要依靠高深知识的长期训练、职业能力的渐进培养、学术伦理和精神的有序推进来达成。

第五节　高校辅导员制度与高校辅导员专业化

高校辅导员制度是大学以高校辅导员群体为对象制定的一系列人事管理和激励制度,高校辅导员专业化是高校辅导员追求个人自身职业成长与进步的发展历程。高校辅导员专业化也是高校辅导员制度在适应高等教育发展进程中的产物。二者之间的关系,实际上体现了组织与个人、组织发展与个人发展之间的关系。职业生涯发展要求组织和个人共同努力与合作,使个人的生涯目标与组织的战略目标达成共识，最终实现双赢。大学组织为有效达成自身的发展目标，必须运用相关制度的制约和规范手段对高校辅导员进行管理，如以职业生涯管理理论为例，要制订切实可行的职业发展规划，必须根据现实的职业需要，结合辅导员自身的职业规划，对每一位辅导员的职业方向和价值取向进行重新定位与分析，结合他们的特质，帮助其确立自身的岗位、专业和职级目标的发展轨迹，使其进一步明确自己在学校发展的不同阶段的工作任务与成长目标，促进自我实现。而身处高校组织中的高校辅导员个体，在其职业生涯发展到专业化的历程中，必然不能脱离高校辅导员制度的约束，这要求辅导员自身能客观地认识自己的职业状况，把自己的职业愿望或要求同自己的主观条件、能力以及社会现实的职业需要紧密联系和协调起来，确立自己的职业发展目标，进一步明确职业发展规划，采取实际行动，逐步完成预期的职业目标，以实现个人发展成就的最大化和组织期待的一致性。

一、高校辅导员制度

制度是指为了实现组织目标，通过设计和保持一种良好的环境，对涉及组织管理对象的人员本人、人员之间、人员与组织之间的事务确定的一种规则和程序。

(一)高校辅导员制度的基本内容

按照常规,组织中的人事管理制度涉及面广,其中对组织成员的录用、培训、考核、奖惩、职务、薪酬、退职退休等方面的规定,构成了人事管理制度的基本内容。高校辅导员制度同样涉及上述各个方面的内容,而每个方面都与高校辅导员专业化建设及其发展息息相关。

1. 高校辅导员任用制度

任用制度是全部人事管理的基础工作。随着高校的发展,大学组织在补充辅导员时,根据招录的条件和要求,采取一定办法择优录用。高校辅导员被录用后,通常会有三个月的试用期,试用期满进行考核,考核合格后其工资福利待遇按有关规定办理,其在高校的地位、权利、义务也就相应确定下来。通常情况下,学校人事部门会采用聘任制的方式,根据高校辅导员岗位要求和应聘者的具体条件,以合同的形式聘任高校辅导员。当然,个别情况下也会出现人事代理等其他方式。

2. 高校辅导员培训制度

培训是实现高校辅导员专业化建设的路径之一,是高校辅导员综合素质和业务能力提高的重要举措。一般是针对高校辅导员在职业生涯不同阶段的培训需求,制订不同的培训计划,确定不同的培训目标、内容、方法和培训的期限、级别等。

3. 高校辅导员考核制度

考核是对高校辅导员德、能、勤、绩、廉等方面综合素质的考察和了解,通过对考核范畴、内容、方式的规定,运用定性分析和定量分析的方法,将考核的结果作为续聘、解聘、职务变动、职称晋升等的依据。

4. 高校辅导员奖惩制度

奖惩是弘扬正能量、激励先进、摒弃负能量、鞭策后进、调动高校辅导员积极性的重要措施。奖励制度是对高校辅导员工作给予充分认可的一种体现物质和精神奖励的制度,包括授予奖品、奖金、外出学习、进修、职务或职称晋升等形式。惩罚制度是对高校辅导员在工作中表现的懈怠、违纪、违规等行为实行惩戒的一种制度,包括调离岗位、解聘等。

5. 高校辅导员职务制度

高校辅导员作为高校教师和管理干部的双重身份,工作到一定年限后,由于各种原因,如工作表现出色或工作适应等问题,会出现高校辅导员与教师、行政管理岗位的转、提等形式的离岗。高校通常会根据国家政策制定一系列出岗或晋升的具体条例。晋升包括职务和职称上的变化。职务制度是关于高校辅导员职务名称、任职条件和取得该职务的程序等方面的规定;职称制度是高校辅导员业务能力上的一种制度,主要涉及晋升的条件、权限、程序等内容。

6. 高校辅导员薪酬制度

薪酬制度包括工资制度和福利制度。工资制度主要涉及工资水平、形式、标准、晋升办法等;福利制度既包括国家和社会提供的公共福利,也包括高校组织自创的部分。

(二)高校辅导员制度对高校辅导员专业化发展的规范和约束

高校辅导员专业化发展的最终目标是高校辅导员个人的专业化,只有实现个人的专业化才能实现组织的专业化。所以,从组织层面来讲,高校辅导员专业化建设的实现不仅是辅导员个体的事,更是高校人力资源管理的一个基本组成部分。为谋求个体与组织、个人与从事的相关事务的人职匹配而设计出来的高校人事管理制度,直接限制和约束着高校辅导员职业生涯发展中的专业化进程;同时,这些制度也为高校辅导员专业化发展的实现提供了预期和保障。

1. 高校辅导员制度限定了高校辅导员专业化的边界

确定边界是所有制度的最基本的功能,有了制度,我们至少知道什么是可以做的,什么是不可以做的,从而确定了我们可以做的选择集合,为人们的活动划定了边界和行动空间。高校辅导员制度也一样,它从六个方面包括任用方式、培训要求、考核要求、奖惩制度、职务变迁、薪酬待遇为高校辅导员专业化建设勾画了一个基本框架。在这个框架所限定的空间内谋求个人发展的最大效益化,高校辅导员个体会受到鼓励、保护。

对于高校组织来说,为高校辅导员专业化建设划定边界的重要意义在于形成秩序。秩序是保证组织和谐、稳定、高效的基础。

2. 高校辅导员制度为高校辅导员专业化发展提供了预期和保障

高校辅导员制度能为高校辅导员专业化发展提供清晰的专业化职业发展道路,使之能尽早地规划自己的职业生涯。同时,消除对不确定信息的模糊认识,整合现有的资源,通过认识高校辅导员制度所界定的范畴内应享有的责、权、利的边界,从而更准确地作出决策。

二、高校辅导员主体性:影响高校辅导员专业化发展的个体力量

(一)高校辅导员主体

“主体”这一概念有广义和狭义之分,就广义而言,高校辅导员主体是国家主体、社会主体和个人主体的统一。所谓国家主体,是高校辅导员队伍建设的出发点,只有着眼于国家主体的需要,辅导员职业

及其个人才具有存在和发展的合法性;所谓社会主体,是指高校辅导员队伍建设的方向,只有瞄准职业化的需求,队伍建设才能更好地服务于经济社会发展和学生成长成才;所谓个人主体,是指高校辅导员队伍建设的现实依托,个人主体的充分发展是满足国家主体需要和实现社会主体发展的前提,而只有每个辅导员都充分发展,高校辅导员队伍建设才可能获得源源不断的人力支持。三者相互联系,共同构成了高校辅导员的主体结构。就狭义而言,高校辅导员主体特指在高校这一区域具体从事辅导员工作的人,这里的人是现实的而非抽象的,具有特定的生存发展需要,对于自身角色、素质、地位及发展有一定自觉意识,并处于由辅导员工作所产生的各种社会关系之中。这些人是高校辅导员专业化研究及实践的主体,作为实践的主体,他们是大学生思想政治教育工作的主力军,是辅导员群体及制度建设的获益者,作为主体的研究对象,他们又是从事辅导员研究必不可少的参与者和推动者。

可见,"辅导员主体"是高校辅导员研究及实践发展到一定阶段的产物,在不同话语环境和历史条件下具有不同的具体指向。一直以来,"高校辅导员"习惯于指向两类主体,一是学生主体,二是公共主体。学生主体的指向产生了"学生人事"和"学生服务"的辅导员工作理念,公共主体的指向则产生了“服务政治”“服务社会”的辅导员工作要求,这两种指向都表征了辅导员作为一个独立的社会职业门类有其产生和发展的基础、独特的职业本质属性和职业价值。因此,高校辅导员具有社会需要和个人需要、工具价值和目的价值相统一的基本特征。笔者认为,我们在关注和彰显高校辅导员主体的社会需要和工具价值的同时,也应关注辅导员的个人需要和目的价值,进而确证和保障辅导员职业“承担者”的主体地位,促进辅导员主体的成长和发展,以更好地发挥辅导员主体服务学生主体和社会主体的作用,在服务中更好地推进高校辅导员专业化建设。

(二)高校辅导员主体性

高校辅导员主体性不是从来就有的,而是辅导员职业发展到主体意识觉醒阶段的产物,高校辅导员主体性不是固定性、潜在性的存在,而是主体在实践中不断创造生成的质的规定性。高校辅导员主体性不是单一化的抽象存在,而是由主体意识、认知、素质、能力等要素构成的系统整体。高校辅导员群体是专业化的对象和主体,在这一过程中处于核心地位、发挥主要作用。专业化就是要力图使辅导员将辅导员工作作为一项长期从事的职业和自身擅长的专业,而在这一过程中,辅导员不仅需要被动地承受教育和培训,更需要主体性的自我建构和彰显,没有辅导员主体的观念转变和积极参与,辅导员专业化就无法实现。

三、高校组织主导性:影响高校辅导员专业化发展的组织力量

高校组织主导性是影响高校辅导员专业化发展的组织力量。“主导”一词是个合成词,它由“主”和“导”构成。“主”是指事物的主体部分或主要的部分;“导”通常被解释为引导、疏通、启发等。作为合成词的“主导”,通常有两种释义,一是作形容词,表示起主导作用的方面;二是作名词,表示起主导作用的事物。

所谓主导性,“从事物本身来讲,是指事物保持其引导的主要方向、方面和重点的特性,即本质主导性;从事物与其作用对象的关系来讲,是指事物具有主要的和引导的作用的特性,即功能主导性。事物的主导性是本质主导性与功能主导性的有机统一,本质主导性规定着功能主导性的性质和方面,功能主导性则是本质主导性的实现条件。”

笔者认为,高校组织是高校辅导员专业化建设的组织力量,这种力量体现在对高校辅导员专业化建设中,就是高校辅导员专业化在本质层面上必须紧紧围绕立德树人,高校辅导员必须做青年大学生的精神导师;在专业化的建设中要明确主导目标、主导内容和主导对象;在

功能层面上,要把意识形态的教育居于主导地位,发挥主导作用的特性,把对个体发展和社会发展的实现同频共振,其方向保证作用、价值导向作用和目标激励作用都适时得到呈现。

四、高校辅导员的职业生涯决策

决策,即决定策略。决策并非某种即时的选择,而是一个过程,是发现问题然后加以解决的过程,是对未来实践的方向、目标以及为达到目标所采取的方法、途径、策略作出决断的过程。顾名思义,决策产生于理性选择和对规则的遵循和身份的实现。

职业生涯决策是指人们为解决自身的职业生涯发展问题而作出的选择、制定的决策。

(一)决策产生于理性选择

所谓理性,是指根据评价行为结果的某些价值系统来选择偏好的行动方案。此观点以后果逻辑为基础,认为决策是由个体为追求某些期望的结果进行有意的理性算计而产生的。但我们知道,由于人的理性是有限的,在决策的过程中,人往往会受到有限的认知能力和不完全信息的束缚,不能同时考虑面临的所有选择。

（二）决策产生于规则遵循和身份实现

对于高校辅导员来说，他们在学校身兼教师和管理干部的双重身份，这两个身份是由他们所从事的职业决定的，那么，他们的职业专业化的发展路径也必须适应这两个身份。如何来适应或匹配这个身份，个体必须遵循一定的规则和程序。而个体对于身份的决策是以适当性逻辑为起点的，强调个人对情境、身份和规则的判断。

五、高校辅导员专业化：高校辅导员制度与高校辅导员个体决策相互作用的产物

高校辅导员专业化是一个相当复杂的发展过程，如前文所述，高校辅导员主体是国家主体、社会主体和个人主体的统一。我们可以从个人、组织发展、时间和空间四个维度来考察高校辅导员专业化。从个人维度上看，高校辅导员需要制度为自己提供专业化发展的导向，帮助自己厘清发展过程中的不确定性，但作为理性的人，高校辅导员在制度的规约之下，可以通过个人的决策对自己的专业化发展方向施加影响，谋求利益的最大化。高校辅导员个人能力、个性、动机、价值观等方面的变化及相互关系，使高校辅导员的专业化发展呈现出鲜明的个性和差异。从组织发展的角度看，大学组织通过设置高校辅导员制度对高校辅导员的专业化发展施加影响，以利于高校作为组织管理和达成发展目标，这些制度既约束、控制着高校辅导员的专业化发展，同时又为高校辅导员专业化发展提供了条件保障和规则遵循的依据。从时间维度上看，高校辅导员专业化发展既无法脱离作为学术职业的历史变迁的影响，也无法摆脱高校辅导员个体职业生涯周期的阶段性特征。从空间维度上看，所经历的社会背景、高校组织现状、现实的生活工作环境等为辅导员专业化发展创设了外在的条件，同时也设置了许多规约。

总而言之，高校辅导员专业化的实现一方面受到制度规则的多方面约束，另一方面在个人决策作用下具有多种权变的可能，这种权变可能导致高校辅导员专业化发展进程与制度的意图相左，导致制度实施低效，并成为制度变迁的潜在诱因。

第二章　高校辅导员专业化实践的校园文化建设

文化滋养心灵，文化涵育德行，文化引领风尚。习近平总书记高度重视以文化人的作用，他多次强调以文化人和以文育人的力量。尤其是在2016年全国高校思想政治工作会议上，习近平总书记对高校做好思想政治教育工作提出了具体的要求：高校思想政治工作要注重文化浸润、感染、熏陶，既要重视显性教育，也要重视潜移默化的隐性教育，实现“如入芝兰之室久而自芳也”的效果；高校要广泛开展文明校园创建，提升校园文明程度，努力打造良好的育人环境；高校生活应该是多姿多彩的，校园文化应该是丰富活跃的，要注重发挥共青团、学校社团、学生自治组织的作用，调动学生参与的积极性，开展形式多样、健康向上、格调高雅的校园文化活动；要重视和加强第二课堂建设，重视实践育人；要创新方式，拓展途径，为学生参与社会实践创造更多机会和舞台，既要不断拓展学生社会实践的平台和路径，也要办好学生社团，抓好学生创新实践。抓好第二课堂建设，需要高校努力，也需要各级党委和政府、全社会支持，社会各界应该主动同高校合作，为高校思想政治工作创造大舞台。

第一节　大学生思想政治工作

高校辅导员是开展大学生思想政治教育的骨干力量，是高等学校学生日常思想政治教育和管理工作的组织者、实施者、指导者。辅导员应当努力成为学生成长成才的人生导师和健康生活的知心朋友。高校辅导员工作的要求是："恪守爱国守法、敬业爱生、育人为本、终身学习、为人师表的职业守则；围绕学生、关照学生、服务学生，把握学生成长规律，不断提高学生思想水平、政治觉悟、道德品质、文化素养；引导学生正确认识世界和中国发展大势、正确认识中国特色和国际比较、正确认识时代责任和历史使命、正确认识远大抱负和脚踏实地，成为又红又专、德才兼备、全面发展的中国特色社会主义合格建设者和可靠接班人。"

高校辅导员的主要工作职责，包含"思想理论教育和价值引领、党团和班级建设、学风建设、学生日常事务管理、心理健康教育与咨询工作、网络思想政治教育、校园危机事件应对、职业规划与就业创业指导、理论与实践研究”，其中第一条便是“思想理论教育和价值引领。引导学生深入学习习近平总书记系列重要讲话精神和治国理政新理念新思想新战略，深入开展中国特色社会主义、中国梦宣传教育和社会主义核心价值观教育，帮助学生不断坚定中国特色社会主义道路自信、理论自信、制度自信、文化自信，牢固树立正确的世界观、人生观、价值观。掌握学生思想行为特点及思想政治状况，有针对性地帮助学生处理好思想认识、价值取向、学习生活、择业交友等方面的具体问题”。可见，作为高校思想政治教育骨干力量的辅导员，其专业化发展程度也是检验高校思想政治教育成效的风向标之一，他们所开展的大学文化建设是保证社会主义高校办学方向的重要载体。

一、思想政治教育功能是以文化人的理论基础

（一）思想政治教育功能是思想政治教育本质的外在体现

当前，国际国内形势复杂变化，社会思想文化和意识形态领域情况更加复杂，马克思主义指导思想面临多样化社会思潮的挑战，社会主义核心价值观面临市场逐利性的挑战，传统教育引导方式面临网络新媒体的挑战，培养社会主义事业建设者和接班人面临敌对势力渗透

争夺的挑战。高校思想政治工作遇到的挑战更加严峻，承担的任务也更加繁重，因而在大学文化建设中思想政治教育任务有多层次、多种类和高要求的特征，思想政治教育功能体现为将社会发展所要求的思想政治品德水平内化为大学师生的思想政治品德水平，使大学师生的思想道德水平符合社会发展需要。

高等教育是一种社会存在，不同社会制度决定着不同教育目的。我国高等教育发展方向是同我国发展的现实目标和未来方向紧密联系在一起的，教育为人民服务，为中国共产党治国理政服务，为巩固和发展中国特色社会主义制度服务，为改革开放和社会主义现代化建设服务。脱离了这个最大实际，高等教育就丢失了办学的根本，就会很难办好。由此可见，思想政治教育是具有阶级性的，思想政治教育具有代表阶级属性的功能，它要解决的问题是为谁培养人，培养什么人，怎么培养人，也意味着思想政治教育的阶级功能包含它代表谁、代表什么、何以代表、怎样代表等一系列问题。

我国高等教育肩负着培养德智体美全面发展的社会主义事业合格建设者和可靠接班人的重大任务，必须坚持正确的政治方向，这就离不开思想政治教育，因而思想政治教育功能是实施大学教育的理论基础。

（二）思想政治教育功能发挥是思想政治教育规律的体现

思想政治教育功能是世界观的运用，思想政治教育功能发挥的程度直接关系到思想政治教育整体效能的体现与发挥，关系到思想政治教育价值的实现。发挥思想政治教育的功能，使大学生的思想政治品德符合大学生发展的要求，旨在认识和改造大学生的思想。思想政治教育功能是规律的现实性和应用性的统一，这决定思想政治教育功能理论是高校辅导员实现育人目标的行动指南。

一是思想政治教育功能对思想政治教育基本理论、规律和原则做了向大学文化建设中可操作、可具体应用的方法的转变，使思想政治教育功能理论得以正确运用，这是发挥思想政治教育功能的第一步。二是对各种各样的思想政治教育理论、方法、经验和做法进行了分析、提升和凝练，不断明晰思想政治教育功能的应用范围，还明确了各种功能之间的内在联系，构建功能互动的体系。这解决了大学文化建设过程中教育规律与大学生的思想形成变化规律有机结合的问题，解决了思想政治教育过程中的程序问题以及在每一环节、每一阶段应当发挥什么功能和如何应用这些功能的问题。

思想政治教育功能是规律的具体化与实践化。思想政治教育的本质属性与大学文化发展的需要，是思想政治教育发挥功能的两个不可或缺的因素。思想政治教育功能包括三个方面。一是指导人们认识思想政治教育客体，认识是一个由现象到本质、由表及里的螺旋式上升过程，发挥思想政治教育功能的目的是掌握、认识客体的本质和规律。要认识思想政治教育的客体，必须遵循一定的认识规律与方法，使功能的发挥与认识对象的实际相符合。二是指导人们有效改造思想政治教育客体。一方面，保证大学文化建设的方向性和实用性，另一方面，保证大学文化建设朝着实用、实效、健康、和谐的方向前进，使大学教育为认识和改造人的思想服务。三是为大学发展提供了动力和工具。思想政治教育自身的不断革新和发展，需要不断发现新问题、研究新问题、解决新问题。大学生的思想是不断变化发展的，思想政治教育也必须不断创新，而思想政治教育功能的发挥则为思想政治教育的发展提供了现实可行的方法，保证了大学文化建设在动态变化中不断健康发展。

（三）思想政治教育功能是大学文化建设发展创新的客观需要

思想政治教育是社会主义大学的重要特征，是一切工作的“生命线”，是精神文明建设的重要组成部分。思想政治教育是客观存在的社会实践活动，其目的是满足主体对“思想”及其活动形式的需要，它在全面发展的教育中占主导地位。

思想政治教育实践活动与大学文化建设互相联系、互相浸润，共享度高，持久度高，影响广度和深度将伴随青年学生一生。思想政治教育能够满足多个主体需求，包括物质、文化、环境、行为及个人的若干需要。思想政治教育随着有效活动的不断开展而不断延伸和扩展它的价值，它的内在价值在于不断激发人的内在动机，调动人的积极性，并使其创造出难以计量的精神价值或物质价值，这是精神生产力的特殊功能。有效的思想政治教育可以影响大学师生一生的生活追求和精神世界，从而体现出持久的影响力。这种影响力不仅能满足大学文化建设主体的持续需求，而且能满足大学文化建设不断变化发展的需求。

思想政治教育与大学文化建设的功能互通，为高校辅导员专业化发展提供了实践反思的源泉。思想政治教育的导向和保证功能，通过启发、动员、教育等方式，把受教育者的思想行为引导到符合社会发展要求的方向上来，使其保持坚定、正确的政治方向。通过长期的灌输，使青年学生形成以爱国主义为核心的民族精神和以改革创新为核心的时代精神，使社会主义核心价值观在青年学生心中生根发芽。利用激励、典型示范、惩戒违纪等手段，制造和形成正确的舆论，以调节和规范青年学生的思想行为。通过加强体验教育，通过志愿服务时数等规定激发青年学生把实现远大理想与服务祖国人民相统一，真正实现思想政治教育的“化理论为德性，化理论为方法”，实现思想政治教育与大学文化建设的创造性转化和创新性发展，引导青年学生提高观察时代、解读时代、引领时代的能力，为青年学生的成长提供动力源泉和智力支撑。

二、先进文化繁荣战略是以文化人的现实依据

社会主义先进文化大发展大繁荣的战略决策是以文化人的现实依据。习近平总书记在党的十九大报告中指出“文化是一个国家、一个民族的灵魂。文化兴国运兴，文化强民族强。没有高度的文化自信，没有文化的繁荣兴盛，就没有中华民族伟大复兴。要坚持中国特色社会主义文化发展道路，激发全民族文化创新创造活力，建设社会主义文化强国”“中国特色社会主义文化，源自中华民族五千多年文明历史所孕育的中华优秀传统文化，熔铸于党领导人民在革命、建设、改革中创造的革命文化和社会主义先进文化，植根于中国特色社会主义伟大实践。发展中国特色社会主义文化，就是以马克思主义为指导，坚守中华文化立场，立足当代中国现实，结合当今时代条件，发展面向现代化、面向世界、面向未来的，民族的科学的大众的社会主义文化，

推动社会主义精神文明和物质文明协调发展。要坚持为人民服务、为社会主义服务，坚持'百花齐放、百家争鸣'，坚持创造性转化、创新性发展，不断铸就中华文化新辉煌"。

（一）先进文化繁荣战略是建设大学文化的重要保证

中国特色社会主义文化作为正确的思想价值导向，保证了高校发展的方向。马克思主义的经典作家、党和国家领导人对建设先进文化做出了深刻的阐述，强调以科学的、准确的马克思主义来指导文化建设。

（二）先进文化繁荣战略是大学文化建设发展的内在要求

随着中国高等教育的发展，特别是 20 世纪 90 年代以后，高校合并重组、扩招和建设一流大学，积极改善办学环境，这有效激活了大学文化的变革，不断深化了大学文化的创新特点，很好地实现了各美其美、美人之美、美美与共、天下大同的多校区或多校合并重组后的大学文化。追求真理的科学精神和服务国家民族的人文精神，成为这一时期先进文化繁荣战略引领下的大学文化建设的内在需要。

（三）先进文化繁荣战略是提升综合国力的重要内容

党的十八大以来，习近平总书记就推进社会主义文化大发展大繁荣发表了一系列的讲话，特别是中共中央、国务院召开了意识形态领域各条战线上的专题会议，印发了一系列的文件，如《关于进一步加强和改进新形势下高校宣传思想工作的意见》《中共中央关于加强和改进党的群团工作的意见》等。

习近平总书记在不同场合都强调发展先进文化对提升综合国力和培养人才的重要性。这些先进文化战略举措为大学文化建设指明了具体方向和具体科学内涵，也进一步重申和确立了思想政治教育工作在大学文化建设中的绝对核心地位。

第二节　高校文化建设

大学担负着承载优秀文化和弘扬传统文化的责任，在大学中作为骨干力量的辅导员，在引领青年大学生成长、成才、成熟、成功过程中更是担负着重大的使命。“00 后”青年步入大学校园，带来的不仅是青春的气息，带来的更是国际性视野，高校辅导员必须坚定自己的文化理想，向这一代青年宣传好中华民族灿烂辉煌的文化，引领他们塑造先进文化，坚持弘扬民族精神，增强民族凝聚力，提升民族自信心和自豪感，保持昂扬向上的精神状态，不断增强自己的文化影响力，实践习近平总书记在党的第十三次全国人民代表大会上总结的四个伟大精神——伟大创造精神、伟大奋斗精神、伟大团结精神、伟大梦想精神。为了使大学文化精神在推进文化传承中发挥作用，我们要准确把握当代中国文化发展的历史方位，把握先进文化的前进方向，培育理性的文化自信精神。尤其要在大学文化的建设过程中，使青年学生在大学中形成理性、平和的健康心态，正确认识世界及中国的发展大趋势，正确认识中国特色和国际形势，正确认识时代责任和历史使命，正确认识远大抱负和脚踏实地。只有这样，青年学生才能自觉地把个人理想融入国家和民族的事业，成为勇于走在时代前列的奋进者、开拓者，书写出无愧于时代的青春之歌和精彩人生。

大学文化是思想政治教育的有效载体，对于增强思想政治教育的有效性具有重要意义，大学教育的本质是进行文化传承，使大学生通过对文化价值的获取，获得认识意蕴的全面体验，进而不断提升自我人格和灵魂。大学文化为大学生创造了一个陶冶心灵和获取精神动能的场所。大学文化以校风、学风、文化传统、价值观念、人际关系等方式表现出来的行为观念，对思想政治教育的各个方面都起着指导性作用。大学文化建设是实现德育目标的重要途径。大学的中心任务是立德树人，以马克思主义思想政治教育理论特别是习近平新时代中国特色社会主义思想为指导，立足当代大学生思想政治教育的实践，营造一个高品位的，人文美、科学美、自然美和谐发展的，能够潜移默化地熏陶人、教化人的，多元文化并蓄、学术自由的，既健康向上又生动活泼的大学文化环境和氛围。大学文化既以精神文化和制度文化为基础，又是精神文化和制度文化的外在表现，建设高品位环境文化是确保先进文化在大学里的主导地位的关键，是把大学真正建设成为人类先进文化发展重要基地的保证。

一、为思想政治教育提供育人环境

大学文化为思想政治教育提供良好的育人环境，大学文化建设和思想政治教育承载着为国家和社会培养优秀人才的使命。大学是一个文化机构，因此承载着传承和创新文化的使命。在现代大学教育中，大学文化始终与思想政治教育紧密结合在一起。大学文化又以其独特的魅力感染、熏陶、激励着人。育人是大学文化的内在功能，教书育人、管理育人、服务育人、环境育人都可归属为文化育人，大学文化为思想政治教育提供强有力的育人环境。大学文化是指高校师生根据经济社会发展需要，在长期教育教学实践过程中通过学校各个层面所创造、积累并共享的，以反映师生共同信念追求的校园精神为核心的,并且具有高校校园特色的一切物质与精神形态及其形成过程。现代心理学认为,社会实践活动影响着人的个性、思维、情感、意志和对生活的态度。在蓬勃开展的大学文化活动中,逐渐形成并不断丰富的精神环境,会使生活于其中的每一个个体在思想、情感、行为方面产生自觉不自觉的趋同和助长作用。这种作用潜移默化又细致持久,使学生在价值选择、思维方式、行动趋向上具有时代的与校园的特色。而这一切,都源于大学文化丰厚的精神内涵。

(一)大学文化发挥着隐性教育的重要作用

校园是我们广大师生学习、工作和生活的空间。一个环境幽雅、景色秀丽、充满朝气的校园,令人精神怡然,有利于教育的实践。可以这么说,校园中的一切都是会说话的,都具有潜移默化的作用。大学文化建设是一项系统的工程,既需要发挥学生的主体作用、教师的主导作用,同时也需要学校从物质上、设施上给予支持和落实。

大学特有的无形之精神文化和有形之物理环境文化,能够令人感动、兴奋,能够激励人。随着大学文化建设的不断社会化,大学文化建设也需要社会的大力支持和积极配合,校园周边环境的整治,社会上各个爱国主义教育基地等教育设施的更好利用,行业文化同校园文化的延伸等,都是校园文化建设不容忽视的环节。社会在发展,高校教育在不断地探索和完善。大学文化建设作为学校教育的有力载体,同样要求我们以新的眼光、新的思路和新的方法来不断探索、不断推进。大学文化所蕴含的大学文化精神、道德风尚等,弥漫在整个大学之中,潜移默化地融入大学生的心灵深处,在不知不觉中以强大的感染力浸润着大学生的成长、成才、成熟、成功。

优秀的大学文化氛围,具有催人奋进、积极进取的力量,它可以促使青年大学生在学习、比较中产生思想碰撞的火花,及时修正自己的学习过程。通过人生规划,大学生会产生一种无形的鞭策力量,重新认识自己,准确自我定位,勇于自省,乐于自控,剖析自我,做出反思,追求科学的人生价值。大学文化时时刻刻影响着青年学生的治学态度、价值判断、思维方式和行为习惯,大学文化向青年学生提供社会主义核心价值观所推崇的道德标准,明确大学所坚持的四德共育原则,培养青年学生理性而平和的人生态度。

(二)大学文化环境对大学生成长成才具有积极促进作用

习近平总书记在全国高校思想政治工作会议上指出:要坚持不懈培育优良校风和学风。高校思想政治工作是基于高校而存在的,高校治理得如何,校风和学风如何,决定着高校思想政治工作的水平和成效。一所高校的校风和学风,犹如阳光和空气决定万物生长一样,直接影响着学生的学习成长。好的校风和学风,能够为学生学习成长营造好氛围,创造好生态,好校风、好学风来自师生共同努力,而其基础在于学校办学方向和治理水平。没有高质量的育人体系,没有高水平的管理体系,没有良好的学习风气,就不可能有高质量的思想政治工作。

教育部、共青团中央在《关于加强和改进高等学校校园文化建设的意见》中指出,要遵循文化发展规律,以建设优良的校风、教风和学风为核心,优化大学文化环境,构建具有中国特色、时代特征和学校特点的大学文化,不断满足大学生日益增长的美好生活需要和精神文化需求。大学文化创造优良的育人环境,是指大学在传承与创新文化的过程中,利用大学自身的文化实力和文化氛围,使大学生养成良好学习习惯,发展智慧,提高综合素质,提升人生境界,实现全面发展。大学在长期的发展历程中积累了深厚的文化底蕴,形成了浓郁的文化氛围,大学生在其中深受感染和熏陶。大学文化是以学生为主体,以教师为主导的,大学文化建设必须充分重视学生这一主体作用。大学通过有意识的文化教育与无意识的文化熏陶来实现育人的目的,促使大学生适应现实社会,形成和树立正确的价值目标,进而引导大学生完善人格。《中共中央关于进一步加强和改进学校德育工作的若干意见》明确指出,要“重视校园文化建设、要大力开展学生喜闻乐见的丰富多彩、积极向上的学术、科技、体育、艺术和娱乐活动,建设以社会主义文化和优秀的民族文化为主体,健康生动的校园文化”。

近几年来,学生社团在各高校中发展十分迅速,其开展的各类活动更是丰富多彩。紧扣专业学习的各类学术活动,诸如学术讲座、科技竞赛、艺术沙龙等,大大活跃了校园学习氛围,充实了学生的课外生活,既巩固了所学知识又拓宽了知识面,为学生培养创造意识、锻炼创新能力创造了条件。以文学、体育、艺术等为主的各类娱乐活动,诸如校园十佳歌手比赛,各类征文比赛、书画比赛、辩论赛、球赛等,集中了一大批有各种爱好和一定特长的学生,既丰富了学生的课余生活也让学生获得了知识,促进了交流,使整个校园充满了朝气与活力。以勤工助学、社会调查、科技服务、志愿者行动等为主的各类社会实践活动,在实践中培养、增进学生的公德意识、公民意识,让学生既认识了社会又认识了自我,缩短了校园与社会的距离。这一切如果没有广大学生积极主动的参与,是无法实现的。

因此,在大学文化环境建设中,必须充分重视、发挥学生的主体作用,尽量满足学生的合理要求,充分调动其主动性、积极性和创造性,共同营造一种充满朝气、充满活力的文化氛围。当然,我们还必须牢记教师的主导作用,针对不同层次、不同性质学生的想法和要求,正确引导,合理对待,引导学生共同创造一个融知识性、趣味性、教育性与娱乐性为一体的积极向上的大学文化氛围。

（三）大学的物质环境是思想政治教育存在和发展的基本前提

优美的环境会对大学生产生持久的、潜移默化的影响,是引起大学生思想感情、道德水平和审美观念变化的重要前提。大学校园内茂盛的树木、典雅的校园、庄严的建筑、静谧的图书馆、明亮的报告厅、功能齐全的活动厅,都为大学生思想政治教育提供了良好的物质保障。同时,大学所具有的传授知识、研究学术、服务社会、追求卓越等理念,将随着思想政治教育工作的进行帮助大学生在多样化的文化环境价值观念中形成正确的价值选择。

当然,除了现在的物质环境之外,面对着工业 4.0 时代的来临,伴随着互联网长大的“00 后”青年走进了大学校园。因此,在校园物质环境建设中,首先要着力于建设“信息化”的大学文化。校园内外信息化的发展影响了大学文化,一方面信息化客观上为大学生充分展现其丰富多彩的内心世界提供了更多的可能,而信息技术所带来的一系列新的现象也正在改变大学生的价值观念;另一方面信息化不仅改变了大学生的学习方式,而且使校园的生活方式和行为特征等方面都发生了极富意义的转变。基于此,在大学文化建设创新中,一方面,应善于利用网络,让大学生成为信息校园人;另一方面,大学生应该更好地解决信息化可能带来的一系列并不那么积极甚至是消极的影响,以赋予信息化更为积极的文化含义,开创一种新的大学文化格局。

其次更要注重建设“科技化”的大学文化。21 世纪,社会对高校培养输送的人才要求越来越高,高层次、复合型人才需求量越来越大。为此,要进一步加强校园科技文化建设,营造浓厚的科技氛围,要全面提升教师的科技素养,充分发挥教师的引导作用。教师相对于流动的学生而言,是稳定的校园主体,高校教师的知识水平、人格素质等,对大学生知识的接受、价值观念的形成乃至综合素质的提升都有至关重要的影响。从这个意义上讲,要建设好大学科技文化,必须充分调动广大教师的创造性和主动性,使其成为校园科技文化的积极引导人和指导者。同时,要大力扶持科技文化,着力培养学生的科技创新能力,鼓励青年学生在学好专业知识、训练严谨的科学思维、掌握科学方法的同时,努力学习、涉猎各种非本专业和交叉学科的知识,并加强各种能力的培养,诸如分析问题、解决问题的能力,跟上时代潮流和适应新事物的能力,实际操作的能力等,以全面提高学生的综合素质。具体措施上,应在制订大学文化建设规划中把科技文化放在突出位置,并将其纳入制度化的体系，发挥其导向的作用；重点扶持科技学术型的学生社团，发挥学生科研基金的作用，建立科技实验基地，组织科技服务；健全大学生科技活动的评比奖励机制，尤其要注意通过开展跨学科、跨专业、多层次、多内容的社团活动和科技学术文化活动，努力完善学生的知识结构，提高学生的综合能力；充分利用大学生志愿者和暑期科技文化卫生“三下乡”社会实践活动和青年志愿者活动，等等。

大学环境是大学文化的一种外在表现，体现着大学育人理念和人文精神，高品位的文化环境能够达到一种广博、自然的文化格调，使大学生在校期间感受美好、高雅的文化气息。同时，在这种气息的熏陶和鼓励下，大学生自由学习各种知识，独立地进行理性思考和探讨，然后在开放的环境中积极创造，培养高雅的情操和健全的人格。

二、为人才培养提供精神动力和行动指南

良好的大学文化有利于健全大学生的人格，规范其言行举止，引导其发挥自己在思想政治教育活动中的自觉性和积极性。大学文化是高校加强自身发展力和核心竞争力的重要源泉，并为人才培养提供精神动力和智力保证，也是高校增强人才吸引力的一项重要因素。大学文化直接影响大学生和大学的生存和发展，能够对大学生的思想和

行为进行整合与调节、激励与推动。大学的文化传统、价值体系、教育观念和精神氛围是社会特性和风貌的集中反映，是人才培养的内核。“党要始终代表中国先进文化的前进方向”的要求，对高等教育提出了新的更高的要求，为大学文化建设明确了任务，指明了方向。先进的大学文化蕴含大量的德育潜能，对大学生的思想觉悟、道德修养、学习状态乃至个性的形成和发展都起到积极的作用。大学文化的状况直接关系到高校对师生的凝聚力和吸引力，大学文化建设与高校的竞争力也有着密切的关系。

（一）大学文化建设是实现学校德育目标的重要渠道

高校肩负着培养人才、科学研究、服务社会和传承文化的责任，它为先进文化提供智力支持和人才保障，推动先进文化的丰富和发展。大学必须成为先进文化的传播者和创造者，要有良好的育人环境，促进大学生全面发展与成才。大学文化建设对于全面贯彻党的教育方针，培养良好校风、教风、学风，优化育人环境，提高大学生的思想道德水平和科学文化素质，促进学校的发展和社会的进步具有重要意义。大学文化作为一种开放、先进的文化，丰富了思想政治教育的内容，拓宽了教学手段，给大学生提供了一个较为广阔的学习环境。思想政治工作者可通过大学文化，及时把握信息动态的政治热点，丰富思想政治教育课堂的教学内容；大学生通过大学文化可以了解各地信息，开阔自己的视野，完善知识结构，树立正确的世界观、人生观和价值观。大学文化核心竞争力是大学在办学实践中不断积累形成的，蕴含在学校内在品质之中，是学校在可持续发展中保持竞争优势的核心能力。

大学文化核心竞争力不仅表现为有形的外在物质性，更表现为教师的影响力和学生的竞争力，这就是无形的精神力量，是大学精神的内涵和本质。为此，大学文化建设一是必须充分发挥校园文化的教育功能和导向功能，引导学生牢固树立热爱祖国、热爱共产党、坚信社会主义的精神信念，自觉抵制和反对资产阶级西化、分化及“和平演变”。我们建设大学文化，就是要充分发挥大学文化在思想政治教育中的熏陶作用，强化教育意识，淡化教育痕迹，增加文化色彩，使师生在轻松愉快的参与中潜移默化地接受教育。二是大力提高大学生文化修养的层次。培养社会主义高层次人才的高校，要充分挖掘利用校园文化这一优势，有计划、有目的地开展高层次文化的建设，推动大学文化向高层次发展。引导大学生提高文艺欣赏品位，提高文化素养层次。要用高雅的、精粹的文化去滋润学生的心灵，陶冶他们的情操，提高他们的品位，培养他们健康向上的精神心理，反对和抵制庸俗、低下、粗鄙以至颓废的文化占领校园文化的阵地。要充分利用网络文化，以马克思主义为指导思想，积极创办思想政治教育主题网站，用先进文化引领网络版校园文化建设，吸引学生的视野。三是充分发挥大学生的主体性、积极性，改变过去单一说教、理论灌输的方法，而是要采用多渠道、多形式、多载体的方式利用校园文化。

在先进文化的引领下，大学文化要提供一个让大学生激发无限激情与创造力的园地，注重在大学文化的结构、组织、机制上进行创新，使大学文化的各种机制成为提高大学生创造力的推进器，使大学文化成为大学生自我教育的渠道。高校的校园文化建设必须加强党的领导，充分发挥学生的主体和教师的主导作用，否则不能确保其教育功能和导向功能的正确发挥，也无法使其凝聚功能和辐射功能得到充分发挥。对校园文化放任自流，只会使病态文化、颓废文化泛滥成灾。高校党委的职能部门要在校园文化建设中担负导向、组织工作，团委、学生会、工会、社团等群众组织以及行政部门要积极参与，形成合力。

(二)大学文化是培养大学生成才的第二课堂

大学文化包括大学精神、大学文化环境和大学文化活动三个主要层面，前两者是抽象的或以物的形态体现出来的静态的方面，而大学文化活动是以人为中心体现出来的动态的方面，它是课堂教学活动的补充和延伸，在大学文化建设中有着重要的地位和作用。大学文化活动不仅是大学文化建设的重要着力点，而且是提高学生素质的重要途径，是培养学生能力的主战场。不可否认，课堂是学生汲取知识的最重要的源泉，但单纯的课堂教学由于其设施、内容、外部环境等诸多因素的限制，在学生多种能力培养和素质提高方面存在着局限性。校园文化的发展将推动教育改革的深入进行，促进非课堂教育的进一步完善。当前，高校的第一课堂不能满足大学生全面成长、个性发展的需要，他们对学校提供的“食谱”往往“厌食”，对有助于自己获得全面发展并取得一技之长的文化活动则十分渴求。学生的这种要求，随着社会的发展会更加强烈，它反映了大学生要求改善自身智能结构，以适应未来社会客观要求的呼声。学生的这种要求（也是社会的要求），不仅将推动高校教育改革，使非课堂教育成为学校整体教育的重要组成部分，而且将促进非课堂教育的转化，使学科建设、师资队伍建设、文化设施建设等方面不断适应发展的需要。换而言之，大学文化的育人功能将会受到进一步的重视，并起到更积极的作用。而通过举办丰富多彩的校园文化活动，可以弥补课堂教学的不足，将两者有机结合起来，有利于共同促进学生素质的提高。

大学生要适应未来社会发展和竞争的需要，他们应该具备生存和发展的其他多种能力，如观察分析问题的能力、表达能力、组织协调能力、人际交往能力等，这些能力的培养不是单纯的课堂教学活动可以完成的，组织参加各种校园文化活动才是培养和锻炼这些能力的极好的现实途径。即使是专业技能的培养，大学文化活动也能起到重要的促进作用。课堂教学能使大学生获得一定深度的专业知识和其他知识，但如果所学知识转化为应用于实践的能力，仅靠教学计划内所规定的有限的实践活动是远远不够的，还需要通过参与大学文化活动来锻炼各方面能力。

大学精神文化有利于师生员工提高育人责任感，忠于职守，创造一流业绩。大学的使命和责任使大学文化具有旗帜性影响力作用。这种旗帜性影响力是由大学自身的地位和属性决定的。大学应承担起文化建设与人才培养的责任和使命，充分发挥大学文化的特点和优势，为社会主义的文化发展与不同文明和文化之间的交流互动搭建起广阔的平台，让中华优秀文化、和谐文化、共赢文化、多样性文化成果走向世界。在新时期，大学应坚持先进文化的前进方向，激发广大师生员工的文化创造活力，这既是建设社会主义先进文化的客观要求，又是发展大学文化的客观要求，更是发展大学文化特色，增强大学的凝聚力、感召力，提高大学的发展水平和竞争力的内在要求。

大学文化建设实施过程是大学全面育德的过程，深化大学文化建设,能够使大学生内在精神和思想上产生深刻变化。同时,通过创建良好的校园环境,对大学生身心发展产生深刻影响,利用优秀文化影响及改变大学生的行为,促使其人性的修为和人格的形成,有助于提升大学生生命的内在品格和道德修养水平。因此,大学文化建设必须紧紧把握先进文化的发展方向,抓住高校文化资源丰富的特点,发展特色化、个性化的大学文化,使大学生建立合理的知识结构,使其综合素质得以全面提高。

(三)大学文化是实现师生共育的有效途径

大学文化建设有助于大学师生形成正确的价值取向、自觉的行为规范、严谨的治学精神、高雅的行为方式。在大学文化建设中行为文化是关键,紧紧抓住这一关键,不仅能够推进大学文化总体建设的发展,促进大学文化底蕴不断增厚,而且能为大学生思想发展提供行为指南,促进大学思想政治工作不断深化。大学文化是一种具有时代性、开放性和超前性的文化,具有整合和导向功能。它通过各种活动,如政治生活、学习生活、社会生活、精神生活、虚拟生活实现。高校辅导员通过各种活动,帮助大学生形成正确的价值取向,起到以德育人和以文化人的积极作用。人的内在品格的转化是一个漫长而又富有成效的潜移默化的过程,充分利用大学文化建设这一有力平台,使之作用于大学生的意识形态领域，激发大学生勇于探求真理的求知欲，使大学生学会承担责任与关爱他人，具备时代品格，树立先进、高尚的思想道德，致力于社会主义现代化事业的进步与发展。

《中共中央关于进一步加强和改进学校德育工作的若干意见》中指出，要重视校园文化建设，大力开展学生喜闻乐见的、丰富多彩的、积极向上的学术、科技、体育和娱乐活动，建设以社会主义和优秀的民族文化为主体、健康生动的校园文化，要努力净化校园环境，抵制低俗文化趣味和非理性文化倾向，引导校园文化气氛向健康方向发展。在整个社会精神文明建设中，学校应成为最好的小环境之一，并对大环境的优化做出积极贡献。大学文化建设必须以先进文化为指导，把握建设大学文化的规律，实现培养人的全面发展的目标。

三、为思想政治教育提供制度保障

大学文化对大学生思想道德素质的形成既有潜在的诱导性作用，又有外在的强制性作用。制度是影响历史进程的重要因素，有效率的制度能够提供有关权利、责任和义务的规则，能够为一切创造性和生产性活动提供最广阔的空间，从而促进生产活动的进行和社会财富的增加。大学作为一个相对独立的学术组织而存在，通过协调、规范大学组织的内外部关系,保证大学的文化地位,从而使大学更好地履行其文化传承及文化创造的职责,并构建学术权力和行政权力相对独立、自主办学、组织完备、权责明确、管理科学的新型大学制度。文化已经成为一个国家和民族的灵魂和核心竞争力。作为社会主义先进文化重要组成部分的大学文化,为繁荣先进文化担负着重大的使命。大学文化建设将更注重内容与形式的统一,体现寓教于乐、寓教于文的精神。寓教于乐、寓教于文是校园文化的方向,也是其生命力之所在。

(一)大学文化建设必须通过制度加以形塑

大学文化建设与社会文化的联系更密切,其吸取性和辐射性将得到进一步发挥。大学文化必须加强与社会文化的联系,在向社会文化学习的同时,也发挥自己的辐射作用。即将踏入社会的大学生,不会满足于局限在学府院墙之内的大学文化,他们将更多地通过文化活动的形式,使自己接触社会,了解国情,尽快社会化。因此,大学文化建设必须通过制度加以形塑。

大学制度文化是大学师生具体行为中反映出来的价值观念和行为方式,它沉淀于大学生师生的内心,是大学在办学和发展过程中一系列权利、义务和责任的综合,是大学存在和发展的规范、规则,同时也表现为大学在长期的发展和实践中形成的观念和习惯。校园内的各项规章制度文化是一种外加的行为规范,带有很大的强制性,它维护了学校正常的教学秩序和生活秩序,也促进了教师严谨治学风尚的形成和学生文明举止、良好习惯的养成。各项规章制度文化包括学校领导制度、教学管理制度、人事管理制度、校园管理制度、学生生活管理制度、宿舍管理制度、各类奖励评优制度、勤工俭学制度、社团活动制度以及校园内约定俗成的风俗、礼仪等。所有这些都是学校群体价值观和群体行为规范的另一重要体现。随着高等教育改革的深化,如弹性学分制的实行,高校后勤社会化的推行,学生宿舍的公寓化管理,教育的国际化合作,产、学、研一条龙体制的建立,学生的在读创业等一系列新生事物出现,这些都为高校规章制度创新提出了要求,因此,加强大学文化建设的制度创新是我们开展建设健康文明、乐观向上的校园文化的基础。

大学文化作为高校社会主义精神文明建设的一个方面,必须着眼于建设,以满足师生的文化需求。因此,大学文化建设必须坚持多样性,努力做到以下“六个结合,六个为主”。

一要坚持校内与校外结合,以校内为主。大学文化应该而且必须立足校内,这才名副其实,才能调动广大师生员工参与的积极性,发展大学文化,形成自己的特色。但大学文化也要开放,走向社会,这既有利于发挥高校智力优势对社会的辐射作用,活跃繁荣社会文化,为提高全民族的科学文化素质,促进国民经济的发展做出贡献,又能在向社会文化学习、向实践学习、向工农学习中推动高校自身的文化建设,提高大学文化的水准,促进师生员工思想道德素质和科学文化素质的提高。

二要坚持教师与学生结合,以学生为主。高校的师生员工都是校园文化活动的参与者和服务对象,文化活动的群众性体现在广大师生员工身上。学生是学校工作的对象,大学文化应该以学生为主体,同时发挥教师的主导作用。

三要坚持普及与提高结合,以普及为主。社团活动在大学文化中占有重要的地位,因此必须对社团活动加以引导和管理。一方面要鼓励并创造条件开展健康的、积极向上的社团活动,使其成为开拓视野、增长才干、培养创造力、扩大信息交流的渠道,成为提高文化素质、增强团结协作精神、焕发青春热情的校园文化活动场所;另一方面要加强管理,教师要深入学生中间,担任学生社团的顾问,引导和帮助他们。学校对不健康、有问题的社团及其活动要有敏锐的嗅觉,及时发现问题并纠正,使社团文化真正成为校园文化中的一朵奇葩。面对大学校园内社团众多、参差不齐的实际情况，管理部门应该把整顿引导这些社团的工作作为一项基础性、经常性的工作来抓。除开设选修课、普及性的讲座外，还应该给学生以实践和创造提高的机会。另外，也要抓普及基础上的提高，多给骨干分子在校内和校外锻炼提高的机会，为他们成才创造更为有利的条件，并充分发挥其在大学文化建设中的表率作用。

四要坚持共性需要与个性需要相结合，以个性需要为主。师生员工的文化需求是丰富多彩、千差万别的，但有些文化活动如电影、电视、音乐等，是广大师生员工所共同喜欢的，应该从大家的共性需要出发，多开展这类活动。在实现共性需要的基础上，为了使不同个体的个性需要得到最大的满足，大学文化建设应为学生的个性发展创造最大的空间，也要适当组织如美学讲座、戏曲欣赏等活动。

五要坚持小型、多样与举行比赛相结合，以小型、多样为主。开展群众性的文化活动，只有坚持小型、多样才会不断前进，才能持之以恒，才能永葆旺盛的生命力。大学文化活动，平时应以班、年级、系和社团、工会组织为主开展活动，场地、经费、器材均较易筹措，也可使更多的师生员工参与活动，体现其群众性。通过举行全校性的比赛，如举办艺术节等活动，可以多方面地检阅校园文化的成果，提高校园文化的水平。

六要坚持满足需求与引导相结合,以有引导的群体文化活动为主。学校应该尽可能地创造条件,想方设法去满足师生员工特别是大学生的文化需求,把大学文化引导到更健康、格调和层次更高的方向上去。大学文化建设要注意在提高艺术层次的同时增强学术氛围。不仅在教师中要营造浓厚的学术气氛,在学生中也应提倡刻苦钻研的学习和研究精神,使他们尽早接受学术气氛的熏陶,提高钻研学术的兴趣,及早将部分精力用于学术研究。高校要多搞一些学术讲座,聘请一些国内外、校内外的专家学者来校讲学;多开展一些学术性社团活动,创造条件并激励学生开展科学实验和学术研究;多开展学生学术论文、科研成果评奖活动,等等。这样既可以培养学生的创造力和刻苦钻研、献身科学的精神,也能提高校园文化的层次。

(二)大学文化建设必须通过社会化加以拓展

大学文化的社会化趋势要求我们不断改进思想政治教育的运行制度。随着教学改革的不断深入,新的教学手段、教学方式层出不穷,社会与校园的界限会越来越模糊,大学文化正逐渐向社会迈进。当今的大学生,其生活的空间、活动的空间已经向社会拓展,“象牙塔”已不再是一片封闭的净土。无论是社会还是家庭,都对大学文化予以更多的关注,如各类企业奖学金、实习实践基地与大学文化的结合等。这些都对大学文化建设提出了一些新的问题:如何让校园文化建设进一步走向社会,与整个社会文化同呼吸共命运;如何进一步发挥校园文化的先进作用,以带动整个社会文化向高层次、高文明发展。大学文化不同于其他文化,它具有思维活跃性、知识密集性和高层次性,我们必须充分认识到这一点,既要让大学文化大胆地走向社会,与整个社会文化融为一体,又要"严防死守",保持大学文化的独特性,进而推动整个社会文化向着健康、文明、民主的方向发展。

现代人类已进入新科技革命的时代,当前我们面临着新技术革命和国际激烈竞争,也面临着我国以经济建设为主旋律的历史转变时期,市场经济体制日趋完善,社会主体文化转型的剧烈变化,国外国内文化大环境对大学文化各个方面都产生了深刻的影响,校园文化也呈现出如下新特点。

一是传播渠道的多样化。进入 21 世纪以后,大学文化的传播媒介突飞猛进发展,各种印刷品、电子媒体等剧增;计算机、网络、手机、多媒体教学方式等相继进入校园;学校文化艺术节、科技文化节、体育节等此起彼伏;学校文化原以黑板报、宣传橱窗、教师讲授为主要手段的传统传播模式逐渐被打破,初步形成了多元交汇的传播网络,校园文化传播的主渠道及其外延得到扩展,学生从多个领域获得各种各样的信息。

二是经济原则的渗透性。市场经济体制的建立,为校园文化建设创造了更好、更大的空间。竞争意识、成才观念、科技意识使大学生加入了角逐的行列。这对于激发学生的学习动机、提高学生的学习兴趣、培养学生的良好心理素质是十分有益的,但市场经济的求利原则以及不公平竞争等不良社会风气也渗透到校园文化中,并且产生了一定的负面影响。

三是课延文化的立体性。课延文化是指利用课余时间开展的各种有教育意义、有益于学生身心健康的活动的统称,它是课堂文化的延续。随着教育改革的深入,特别是"大学生素质拓展工程"的展开,如今课延文化十分活跃,社团活动、学术讲座、周末文化沙龙、英语角等层出不穷,吸引着众多学生的参与。

四是社区文化的交融性。随着大学生青年志愿者暑期"科技、文化、卫生"三下乡活动的开展,以及大学生青年志愿者活动和大学生参加社区义工组织活动的深入,学校与社区间的交流越来越紧密,社区文化日益与校园文化互相交融、互相渗透。

五是多校区校园文化建设的复杂性。高校的扩招以及高校间的合并办学，形成了多校区办学的格局，不同学校校园文化的交融，不同校园文化品位的磨合，新老校区不同文化底蕴的交叉，给生活在多校区的学生带来了几多困惑、几多新奇。

六是没有围墙的大学校园文化的冲击性。随着远程教育、自学考试的铺开，随着教育的国际化，一些没有围墙的大学校园文化也随之而生，这些拿着各所高校毕业证书的在职大学生也受到所接受教育的大学或多或少的校园文化的影响，这样的大学文化该如何建设并发挥其应有的作用，是一个新课题。

面对新时代新形势新发展的格局，大学文化建设需加强理念创新。理念是指校园中主导群体的理性价值观系统，通常包括人们应共同遵循的世界观、人生观、道德观、社会观、群体观、成才观和治学观等。主导群体指大学文化建设中的主体——校园人（包括校园内的全体教职员工、全体学生和管理人员），其价值观的主要表现形式是校训、校风、教风和学风，这是大学文化的核心层次。随着科技的发展、世界局势的变化、高等教育的国际化、信息的全球化和人才的国际化，对这一层面要赋予新的内容，诸如以学生为中心的管理理念、以学生的学为主的教育思想等。随着科技与社会的发展，大学文化呈现出新现象、新问题、新特征，要求我们必须实现大学文化以社会化来加以拓展,以期达到培养“四有”新人的目标。

(三)大学文化建设必须通过组织模式创新

随着高校教育体制改革,高校扩招给发展中的高校带来了“硬件”不足与日趋增多的学生人数的矛盾及活动的单一性与广大青年学生的多样需求的矛盾等。因此,要加强组织模式的创新来发展和丰富大学文化建设。

一要坚持指导思想一元化和价值取向多样化相一致的原则。大学文化建设的创新必须加强思想政治教育。随着信息化时代的到来、国家产业结构的调整、高等教育的国际化,校园文化也将冲破校园围墙,走入社会,迎接来自国内的地域文化和西方文化的冲击及各种文化的相互融合。因为校园文化具有灵敏性、自发性、自由性,所以大学文化建设中的导向选择至关重要。在此大背景下,大学文化很容易出现选择偏向的问题,如表现为大学文化价值取向的偏移,使校园内充斥着个人享乐主义、虚无主义、功利主义,追求刺激、实惠、商业味、消遣味,导致学生思想政治上的自由化,道德水平下降,甚至从总体上降低大学文化的水平和格调。我们应在正确的理论指导下,借鉴和吸收属于人类共同精神财富的校园文化思想,注意克服、摒弃西方社会中那些极端的个人主义、利己主义、享乐主义、虚无主义等落后腐朽思想,建设具有全世界、现代化的视野且思想开阔、境界高远、襟怀博大的大学文化。

二要坚持综合性和协调性相一致的原则。大学文化的综合性原则要求我们在大学文化建设过程中坚持全面性,表现为纵横结合、科学精神与人文精神有机融合、主次因素结构功能相结合等。协调性原则是指校园文化建设中强调自身要素间的互相配合,主要包括课堂教育与非课堂教育的协调;硬件建设与软件建设的协调,这里所谓的"硬件"可理解为文化设施、文化队伍、社团组织、文化环境,而"软件"则为校园精神、文化心理、文化制度等,"硬件"建设是"软件"建设的基础,"软件"建设是"硬件"建设的条件,两者是辩证协调的关系;时代文化与传统文化的协调。世界文化多元化的发展趋势,导致了各种文化之间的相互渗透、融合、碰撞,使各种文化以前所未有的速度变化,这种变化也影响着大学文化中传统文化和时代文化间的碰撞和冲击。加强大学文化建设,必须对传统文化和时代文化加以平衡和协调,提炼出传统文化中的精华,促进传统文化现代化,使传统与现代相辅相成,共存共荣,共同发展,同时,大学文化在内容发展上应坚持继承和创新的统一,在建设过程中应呈现出长期性与阶段性的统一。

三要坚持同步性和开放性相一致的原则。大学文化建设是一个动态的系统工程，大学文化建设应首先立足于校内，结合自身的特点，同校内各项教育改革同步进行，相互渗透，相互影响，相互作用，这样才能调动全体校园人的主观能动性、积极性，才能形成校园文化的特色，其次必须同时代的发展同步向前。因此，大学文化建设始终是开放的，它向社会文化吸取营养，不断提高自身品位，同时又发挥其对社会文化的辐射作用，为社会输送成批合格的时代新人，推动社会文化进步。

第三节　大学生实现社会化

高校校园文化在大学生成长成才过程中的作用与大学生在校期间培养自己成为一个合格公民两者之间的耦合性，将不仅促使高校校园文化建设的优化，而且更利于大学生的社会化。

一、校园文化内涵与大学生社会化实质上的耦合

高校校园文化是指高校师生根据经济社会发展需要，在长期教育教学实践过程中通过学校各个层面所创造、积累并共享的，以反映师生共同信念追求的校园精神为核心，并且具有高校校园特色的一切物

质与精神形态及其形成过程。现代心理学认为，社会实践活动影响着人的个性、思维、情感、意志和对生活的态度。在蓬勃开展的校园文化活动中，逐渐形成并不断丰富的精神环境氛围，会使生活于其中的每一个个体在思想、情感、行为方面产生自觉不自觉的趋同和助长作用。这种作用潜移默化又细致持久，使学生在价值选择、思维方式、行动趋向上具有时代与校园的特色，而这一切都源于校园文化丰厚的精神内涵。

所谓社会化，就是将一个自然人转变为一个能够掌握一定社会文化、学会参与社会生活、履行某种角色行为的社会人的过程，即一个人取得自立于社会的能力、取得社会人资格的过程。大学生的社会化实际上就是大学生通过学习社会文化知识，接受教化，把自己培养成为一个独立、成熟的社会人的过程。

大学阶段是一个人生理、心理与智能发展的黄金时期，也是大学生完成社会化的重要时期。大学生在这一时期将通过包括接受学校教育等多种途径，不断充实自己的知识技能，不断稳定和完善自己的世界观、人生观和价值观。其中，大学校园文化作为青年亚文化的高层次形态，作为大学生步入社会的桥梁与社会沟通的渠道，在大学生健康成长并逐渐从“边缘人”成长为社会人这一过程中发挥着重要的作用。校园文化内涵在本质上是特定社会要求和社会影响在校园环境内的反映与折射,因而能够为大学生在校园与社会之间找到结合点,从而通过校园文化的影响,大学生自觉不自觉地按照社会规范要求逐渐铸造自己的思维模式、情感模式与行为模式,学习与社会相适应的各种规范、知识、技能和生活方式,使自己在各方面得到协调发展,并与社会环境之间达成一种动态的平衡。因此,校园文化活动离不开广大学生的自觉意识和主动参与,同时也为学生进行自我教育、自我管理和自我服务提供了极好的条件和场所。通过自觉组织、自觉参与校园文化活动,广大学生不断提高和发展自身的综合素质,从而不断推进个体的社会化进程。

二、大学文化的社会功能和大学生社会化要求的耦合

大学文化的社会功能主要体现在校园人尤其是大学生的社会化功能和校园文化的社会辐射功能这两个方面。校园文化是一种特定的文化环境,它在培养人才的过程中具有教育、示范、导向、凝聚、扬弃、保护、创造、平衡、协调等多方面的功能。

(一)校园文化的功能

校园文化的教育功能不等同于教师教、学生学的课堂教学中,以

单向灌输为主的教育功能，而是通过尊重并发展学生的主体意识与能力，来打造一种文化氛围和学习平台，以丰富学生的科学文化知识并弥补课堂教学的不足，同时感染、陶冶学生，使他们能自觉约束和规范自己的言行，并将其内化为信念、觉悟与习惯。这种示范功能主要包括理想信念的引导、奋斗目标的引导和行为规范的引导，这种引导有利于把大学生的思想和行为引领到我们所期望的秩序中来。

校园文化的示范功能是指校园文化主体中的优秀人物对其他人的示范作用。校园文化建设旨在营造一个健康向上的求学与做人的环境，而在这过程中，教师对学生的影响最大，是学生主要的模仿对象。教师的政治思想、道德品质、文明修养、治学态度、生活方式以及人生观、价值观，都会对学生产生潜移默化的影响，甚至是终生的影响。因此，教师不但要教书更要育人，教师不仅是传授知识、培养能力的“严师”，更是求真求实求诚、品质坚毅、情操高尚的“人师”，教师不仅要关心学生的学业，更要指导学生不断增强治学、做事、律己、交友、待人、处世的修养。

校园文化的导向、凝聚功能是指校园文化对校园人的心理和行为具有潜在的激发与约束作用，进而有着增强学校的凝聚力和向心力的功效。为此，校园文化建设应坚持先进文化的前进方向，体现国家和广大师生利益的一致性。校园文化的内容和形式,深刻影响着学生的思想模式、情感模式、行为模式的形成和确立。尤其对青年学生来讲,他们的人生观、世界观、审美观都还处在不成熟的阶段,自然需要正确引导。因此,在育人的过程中需要建立起一种有效机制,形成一种内求团结、外求发展的精神面貌,以培养和激发学生的群体意识和团队精神,而这正是校园文化的社会功能所要发挥的作用。

校园文化具有扬弃、保护和创造功能。一方面,校园文化作为一种亚文化,它既需要从社会文化中汲取营养,也需要排斥和抵制社会文化中的消极因素对自身造成的影响。这样,校园文化在学生和社会之间也就形成一道“隔离墙”,以保护学生免受社会各种不良行为和思潮的冲击。另一方面,富有学生生活气息的校园文化,在不断创新发展中,在内容和形式上都呈现出包含高雅文化与通俗文化的多姿多彩景象,这对于充分发挥人的主观能动性及其创造潜能,变被动地接受知识为主动地运用知识、丰富知识,无疑是重要的。正是这种以丰富学生课余文化生活、提高学生文化素质为目的的校园文化,使学生的生活空间得以拓展,使学生在奋发向上的氛围中锻炼自己的个性和创造性。

校园文化还具有平衡、协调功能。由于校园文化如同一切事物一样,是在矛盾斗争和对立统一中发展的,因而如何使具有不同个性的人和具有不同要求的群体结合起来并求得不断发展,主要依赖于校园文化的平衡协调功能。校园文化在平衡协调学术研究与科技服务时,还凭借其多姿的特质与浓厚的潜力,支持大学生走出校门,参与社会实践,开展科技文化服务,从而培养学生的服务意识和实践能力。

(二)校园人的社会化功能

校园人的社会化功能主要体现在大学生知识技能社会化、行为规范社会化、人生责任社会化三个方面。

一是知识技能社会化。这主要是指根据经济社会发展需要,大学生要尽可能多地学习和掌握必要的生活知识和职业技能,调整知识结构,以便走向社会后能适应独立生活和独立工作。丰富多彩的校园文化活动及其不断地发展,在一定意义上可以说为大学生预演今后的工作和生活提供了舞台。在种种实践活动中,大学生逐步学会自我管理,不断增强自主、自强意识,提高独立生活能力、组织管理能力和社会活动能力。近年来,在高校蓬勃开展的勤工助学、大学生“挑战杯”竞赛、课外科技学术立项活动、大学生创业大赛活动等都为大学生获得社会经验、适应社会环境而开辟了新的成才渠道,它改变了以往学生“两耳不闻窗外事,一心只读圣贤书”的状况,使学生逐步确立了开放心态和自立意识,为今后顺利走向工作岗位打下良好的基础。

二是行为规范社会化。这主要是指学习社会行为规范,学会正确选择行为方式,并逐渐形成信念和习惯的过程。所谓行为规范,即为人处世的规矩和准则。要掌握某个社会角色的行为规范,只有在实践体验这个角色行为的过程中才能得以实现。如上所述,大学生参与校园文化活动,一个目的就是演习如何接触社会、适应社会,并逐步认同社会行为规范和价值观念。尤其是随着我国大学生就业制度改革的深化,大学生以更为理性的自觉态度去学习、掌握社会所需要、所希望的行为规范。与此同时,他们也选择社会,认识自己可以期望的前景,设计自己所希望和必要的人格特征。在大学期间,大学生参与校园文化活动,与师生有形无形地相互学习、相互监督、相互促进,这对于大学生掌握社会行为规范有十分重要的作用。

三是人生责任社会化。这主要是指把人生的责任与所处社会的历史使命联系起来,把时代要求内化为自我意识的过程。社会化的目标,是为社会培养出能承担社会责任并符合社会要求的社会成员,使其在社会中担当一定的角色,并按社会规定的角色规范行事。大学阶段是青年人成长的关键期,由于其特殊的生理、心理特点,大学阶段往往成为青年大学生人生观确定和稳定的决定性阶段。高校校园文化有着明确的目标指向性,能使大学生根据社会要求去不断认识和发展自己,从而对大学生确立和稳定人生观发挥着重要作用,并使大学生更加理解将来所要从事的工作或专业的社会意义,不断增强社会责任感,进而在心理和行为上与所生活的社会的政治氛围达成适应性平衡。同时,大学校园犹如一个小社会,通过在校园文化活动中担任不同的角色,大学生逐步体验不同的角色、积累经验,这对他们今后担当起完全的、正式的社会角色,无疑是十分有益的。近年来,高校学生班级中流行的班干部轮换制,极大地促进了大学生的管理能力和人际交往能力,便是有效的实例。

三、校园文化建设目标与大学生社会化能力的耦合

不同国家、不同制度下的高校,都必须立足社会和时代,因而都有一定的指向目标。我国实行的是社会主义教育,因此高校校园文化根据党的教育方针和培养目标形成明确的目标指向:一是社会主义的办学方向,即高校要为现代化建设培养高层次的专业人才和社会主义事业的接班人;二是集体主义的价值取向,反对极端个人主义;三是爱国主义的高尚情操,引导校园人致力于祖国的富强、民主、文明、和谐、美丽;四是爱校如家的深厚情愫,维护母校名誉,促进母校发展。因此,

高校校园文化建设应明确体现以上目标指向，为凝聚人心，实现党与国家、社会、学校以及个人的期望目标而积极开展文化建设活动。

（一）高校校园文化建设的总目标

高校校园文化建设的总目标是必须坚持以马列主义、毛泽东思想、邓小平理论和“三个代表”重要思想为指导，坚持以人为本，全面、协调、可持续发展的科学发展观，坚持习近平新时代中国特色社会主义思想，坚持正确的政治方向，体现社会主义的时代特征。一定的文化是一定社会的政治和经济的反映。大学文化建设是建设习近平新时代中国特色社会主义的一个重大内容，时代赋予思想政治教育工作新的任务和内涵，要求是思想政治教育工作因事而化、因时而进、因势而新。为此，大学文化建设必须要有文化价值与品位。

校园文化的价值是指由一定的知识、思想与主体的人所构成的需要和被需要的关系，它主要体现在知识性、社会性等方面。校园文化的知识性价值是指凭借校园文化阵地和一些知识性的文化活动载体，如学校图书馆、专业资料室等场所，让学生沐浴在科学文化知识之中，日积月累地获得种种科学文化知识；通过某些娱乐性的文化活动，提高学生的审美情趣以及文化感染力、理解力和想象力；通过实践性志愿活动，丰富学生的生活知识和社会实践经验，锻炼其动手能力与社会交往能力。这一切,促使学生从被动地接受知识转向富有创造性地汲取知识,促进专业知识技能的学习,激发学生智力的发展。校园文化的社会性价值则集中体现在选定正确的生活目标,建立正确的价值观念。一个人生活目标的核心是其价值观,所以选定生活目标和价值观取向是分不开的。不少校园文化形式因其倾注了对生活目标及人生价值的探索而吸引了众多学生。

(二)高校校园文化建设的社会化

高校校园文化的建设在大学生社会化进程中起着积极的促进作用,它主要涵盖了以下几个方面:校园文化可以促进大学生政治社会化;校园文化可以推动大学生工作和生活技能社会化;校园文化可以帮助大学生树立科学的价值观念,促进大学生理想道德人格形成;校园文化有助于大学生稳定的、良好的心理素质的形成;校园文化可以促进大学生自我管理能力的提高;校园文化可以促进大学生公民意识的增强。因此,高校校园文化建设应净化校园文化环境,营造有利于大学生社会化的文化氛围;培养优良校风、教风和学风,营造有利于大学生社会化的精神环境;加强校园物质文化建设,营造有利于大学生社会化的物质环境;加强学生社团建设,营造有利于大学生社会化的实践舞台。所有的这一切,都为大学生个性良好发展提供了广阔的天地,从而帮助大学生成为个性鲜明、情趣高雅、知识丰富、结构合理、全面发展的人才。校园文化所形成的良好的校园氛围,不仅包括学生闲暇生活的安排,而且包括学生知识结构的调整、科学思维的锻炼、创造能力的开发、社会责任感的激励和学校学术研究氛围的创建。总之,健康向上的校园文化在新型人才的培养过程中起着不可替代的作用。当然,教育活动不是对学生进行单纯的知识灌输,而是要努力培养学生健康的心理状态,使其形成健全的人格。

思想政治教育是文化精神的积淀、传导和创新的过程。我们要充分认识校园文化建设对大学生社会化的形成及发展所产生的影响,重视校园文化的建设为大学生社会化搭建舞台,使其各种需求得以满足,使其个性得以良好发展。在校园文化发展中,要尊重并发挥大学生的主体作用,使他们充分展现自己的精神风貌,施展自己的才干,以便踏入社会后能把艰苦奋斗同开拓创新统一起来,在埋头苦干中实现抱负,在拼搏奋斗中体现价值,在平凡的岗位中创造不平凡的业绩。

第三章　网络时代的大学生思想政治教育工作

随着计算机科学和网络技术日益高速发展，计算机及互联网极大地改变了我们的时代，并将深刻地改变我们的工作、生活、学习和娱乐方式。互联网因具有即时性、综合性、开放性和虚拟性等特点，既能传播信息也能传播思想，这使其成为重要的思想舆论阵地和国际舆论斗争的新领域。

中国互联网络信息中心（CNNIC）发布的《中国互联网络发展状况统计报告》显示，我国上网人数正在逐年上升。上网的人群中，大专水平及以上学历的人数占80%左右，18~35岁的网民人数同比增长远远超过其他群体，并且随着时代的发展，这个数字还在增长。这意味着，掌握着国家未来的高素质一族正日益受到互联网络的影响，一个名副其实的网络时代已经来临。网络在改变人们生活的同时，也引发了精神文化和道德理念的深层嬗变，引发了一系列深层次的矛盾和问题。

面对这些问题,实现以网导人是高校辅导员专业化发展实践的主平台。

第一节　思想政治教育与网络的结合

信息网络技术的发展和普及,对社会生活的各个领域和大学生成长成才产生了广泛而深刻的影响。思想政治教育与网络的结合成为一个新课题,引起了人们的普遍关注。信息技术特别是信息网络技术的发展,为我们开展思想政治工作提供了现代化手段,拓展了思想政治工作的空间和路径。要重视和充分运用信息网络技术,使思想政治工作提高时效性,扩大覆盖面,增强影响力。这为积极占领网络思想政治教育阵地,充分发挥网络在大学生思想政治教育中的作用指明了方向。

一、网络与大学生成长的关联

网络对大学生的影响可谓全面而深远,其引发的深层嬗变也是系统而综合的。总而言之,这种影响正如一柄双刃剑,既有正面的积极影响,但是负面的消极作用,同样不容忽视。

(一)网络对大学生的积极影响

网络开辟了大学生社会化的崭新时代。它扩大了大学生的交往覆盖面,丰富了大学生的求知领域,拓宽了大学生自我实现的新空间,催生了大学生的现代观念,也促使大学生产生了新的网络伦理,促成其终身学习理念的确立。

1. 网络拓宽了大学生的交往空间,有助于大学生建立新型的人际关系

人际交往是人类较高层次的需要,是人类生活中不可缺少的行为。大学生要实现自身的社会性,必须通过社会互动和交往来实现。因为社会的本质就是人们交往的产物。大学生要实现社会化必须置身于一定的社会关系和社会交往,以满足各种社会需要。网络技术通过全方位、多层次的信息传输,为大学生提供了更便捷、范围更大的社会交往机会,使大学生的社会化得到空前的延伸和拓展。

首先,网络空间的出现使大学生的交往克服了时空障碍,使大学生进入一种"天涯若比邻"的境界,这使大学生交往获得了前所未有的广阔空间和自由天地。其次,网络空间的出现促进了交往方式的变革。它不同于以往受时空局限的"点对点"交往,实现了"点对面"交往,甚至是主体的全方位的交往。最后,网络深化了大学生交往的层次。由于网络环境的虚拟性,大学生的网络交往无须考虑自己或对方

的社会地位、文化程度、经济收入、年龄差异等社会现实生活中无法回避的因素,不必顾虑面对面交往的尴尬,更容易产生相互信任,实现心灵的完全自我展现,而良好的人际关系就是在这个过程中建立起来的。它将交流提升到较高的层次,避免了现实世界的危机和压力,缓解了各种矛盾的激化。

2. 网络促成的"信息共享",有助于丰富大学生的求知领域

大学生要实现自身的社会化,必须学习现代科学文化知识,掌握自我谋生的技能,建立适合现代社会发展的行为规范。但是,传统的教育决定了大学生只能在所处的社会群体或社会组织中通过学习社会文化,积累社会知识,发展和形成自己的个性来完成个人的社会化过程。而网络技术聚合了传统的大众媒介,构建出到目前为止跨越地域最广的全球信息媒介,它突破了地域和时间的限制,以先进电子技术手段适时传播人类优秀文化遗产。当代最新的科学技术成果及社会所倡导的价值观和行为规范,使大学生在一个比以往更加广泛的社会环境中学习和积累社会知识,接触多元文化所组成的多元世界,在不断碰撞、历练中锤炼价值观和文化模式,了解并习得社会共有的理想信念。通过与个体心理的相互作用,通过思维的参与内化,为大学生的信念、行为方式、习惯的形成和发展,提供了基本条件,拓宽了大

学生接受社会化教育的范畴。

3. 网络创造的“虚拟社会”，拓宽了大学生自我实现的空间

大学生社会化的最终目标是使大学生能够成为符合社会要求的社会成员，能够在社会生活中担负起一定的社会角色。因此，大学生作为角色扮演者，必须加强角色学习和角色整合，他们必须通过更多的角色实践，使自己在今后的现实生活中减少角色失调现象的发生，更好地胜任自己的角色。在网络的匿名环境中，社会关系不明确，社会身份隐蔽，社会差异几乎不存在，这使大学生可以在忽略角色地位差异的前提下进行自由交往和互动。此外，在网络社会的匿名环境中，大学生可以尝试扮演现实社会中向往已久却无法实现的社会角色，这样的“虚拟社会”为大学生提供了角色实践的绝好场所。大学生不仅可以在“虚拟社会”中进行“角色预演”“角色换位”，把自己假定成不同的角色，体会不同角色的要求和感情，对照自己理解的角色规范进行实践，还可以通过网络的信息反馈验证自己的角色行为。经过多次的实践和验证，把握自己在现实社会中扮演各种角色的尺度。虽然网络的“虚拟社会”与现实社会有很大的差别，但大学生通过网上虚拟角色的实践、角色冲突的体验，有助于大学生在与现实社会的不断磨合中有新的成长。

4. 网络的发展使大学生社会化过程凸显自主性特征

首先,网络使大学生的社会化空间得到扩展。“网络社会成员”的身份是匿名的,其接受者可以相对自由地、不受社会权威约束地从这一“社会环境”中获得自己想要得到的知识和信息。这就大大提高了大学生接受社会化的自主性,使他们能够脱离社会权威独立地对事物进行判断,这有助于提高大学生的独立自主意识,也有助于其个性的培养。其次,网络的发展有助于培养大学生的自我观念,发展“青年文化”。大学生社会化不仅仅指社会作为“教化者”,运用一定的文化价值观、行为模式、法律和道德等,教化、塑造社会的“受化者”即更是社会的“受化者”即大学生通过积极地参与社会、参与社会关系,能动地内化及发展社会文化、发展自己的社会性的活动过程。在网络社会化中,大学生的主体能动性得到充分发展,一定程度上增强了“自我实现”的受化方式。另外,大学生接受社会教化、发展自身社会化,也反作用于社会,以其特有的文化功能改造和变革社会。交互式的网络为大学生创造了“文化反哺”的机遇和条件。

5. 网络的发展确立大学生终生学习的理念

信息社会是个“知识爆炸”的时代,也是个学习的时代。在这样的时代里,乐于不断获取知识,主动迅速地筛选信息,准确地鉴别信息的真假、创造性地加工和处理信息的能力，已成为现代人越来越重要的基本素质。网络的发展促成了大学生终身学习理念的确立，只有具备良好的信息素质，大学生才有可能成为未来社会的终身的独立学习者。

(二) 网络对大学生的消极影响

网络的发展使大学生的世界观、人生观、价值观和道德观呈现部分异化的趋势：

第一，科学主义的推崇和人文主义的弱化。以网络为代表的现代信息技术为人们提供了新的生存方式。在数字化生存中，如果对网络技术盲目崇拜将使科技至上的思想更有影响力。信息网络技术以其强大的功能令大学生推崇和向往，但这种推崇和向往又往往使他们迷失了人文伦理的方向，其中最为突出的是大学生对网络黑客的态度。

第二，个人主义的张扬和自我意识的异化。网络的隐蔽性，使大学生满足于其中的虚幻自由，这种状态久而久之便使大学生对自由的真正含义丧失理解而导致某些行为失范。与此同时，网络的虚拟性久而久之会降低人们之间的信任度。同时，网络上良莠不齐的信息，也将钝化大学生的判断力、思考力和选择力。

第三，价值导向的多元和价值目标的模糊。历史经验表明，大学生作为青少年的一个特殊群体,在接受外来影响方面往往走在其他社会群体的前面。在日益开放的社会环境下,我国大学生的价值观念,更是不可避免地受到国外青年价值观及行为方式的影响,再加上经济全球化进程的加快和网络的迅速发展,这种影响的广度和力度日益加深,而网络本身的特点也使价值多元化普遍存在。在网络上,一方面是找不到一个起控制作用的信息发布中心,更没有人对它享有占有关系;另一方面是每一个个体都是自我生存的中心。网络社会特有的社会文化结构,使青年网民很难感受到规则的约束,这种影响使日益增多的触网大学生出现了价值导向多元和价值目标模糊的问题。

二、网络与思想政治教育的关联

网络作为当代最具有革命性的科技成果之一,正在推动思想政治教育的创新。网络已成为大学生思想政治教育信息的新载体,它以一种全新的信息传播方式加速了思想政治教育的知识、价值传播,网络互动平台更好地满足了思想政治教育者和受教育者之间双向互动的需要,网络的技术特性有利于促进思想政治教育获得最佳效果,网络与思想政治教育的关联日趋紧密。习近平总书记曾就高校做好网络思想政治工作提出了“要运用新媒体新技术使工作活起来”的要求。

他指出,人在哪里,思想政治工作的重点就在哪里。互联网突破了课堂、高校、求知的传统边界,对学生的影响越来越大。年轻人几乎无人不网、无日不网、无处不网,意识形态领域许多新情况、新问题也往往因网而生、因网而增,许多错误思潮也都以网络为温床而发酵。从一定意义上说,谁赢得互联网,谁就能赢得青年。要"跳出高校看高校",运用新媒体、新技术,推动思想政治工作传统优势同信息技术高度融合,使思想政治工作联网上线,增强时代感和吸引力。

(一)网络信息承载与思想政治教育网络载体

载体是思想政治教育系统不可缺少的重要组成部分。教育目标的实现,教育任务的完成,教育内容的实施,教育方法的运用,教育主体和教育客体之间的互动等,都离不开一定的载体。

思想政治教育载体是指承载、传导思想政治教育因素,能为思想政治教育主体所运用且主客体可借此产生相互作用的一种思想政治教育活动形式,如谈心谈话、班团活动、理论学习、大众传媒等。教育者正是借助这些载体对教育对象进行教育并与之双向互动,从而达到一定的教育目的。

所谓思想政治教育网络载体,就是通过网络向人们传播丰富、正确、生动的思想政治教育信息,着重传播以爱国主义为核心的民族精神和以改革创新为核心的时代精神,尤其是实现中国梦的共同理想和社会主义核心价值体系。这些思想政治教育信息必须承载着以下特点:一是多媒体技术使教育内容的形态从平面化走向立体化,由静态变为动态,从现实时空趋向了超时空;二是网络的超大信息量,使教育内容变得丰富而全面,并且具有客观性和可选择性;三是极高的文化与科技含量,将教育信息的政治性本质隐含在历史文化知识和现代科技信息之中;四是人们有意识或无意识提供的思想政治教育信息,有可能淹没在信息海洋中而不能有效地传播给受教育者;五是各种积极的或消极的、先进的或落后的、健康的或颓废的信息都在网上传输,思想政治教育的内容也要更加多样化,更新更加频繁和及时。通过网络这一载体进行思想政治教育,能够发挥思想政治教育在思想舆论中的宣传能力,而这一能力是对党在新时期路线、方针、政策的宣传教育和解读的能力。进一步说,这种教育能力体现为对教育内容的理解能力、教育方法的运用能力和教育环节、教育效果的控制能力。当前,这种能力主要表现为在新形势下,用新的语言、新的表述方式、新的沟通渠道对大学生进行宣传教育,让大学生真信、真学、真用,以扩大思想政治教育的覆盖面和影响力,使大批大学生网民在网络上获取更广泛的社会信息的同时,接收思想政治教育信息,以帮助大学生形成时代发展所需要的思想观念、政治观点、道德规范以及健康的精神状态。

（二）网络信息传播与思想政治教育知识价值传播

从传播学角度看，思想政治教育是阶级社会的一种特定的社会信息传播现象和活动，是以思想观念、政治观点、道德规范为核心的思想政治教育信息的传播行为和过程。

思想政治教育网络信息传播，是教育者运用网络有意识、有目的地对受教育者施加影响，通过思想政治教育信息的传递、接收与反馈，以达到彼此共享、互动、共识的社会行为和过程。在此过程中，教育者向受教育者传递信息，是开展思想政治教育的起点。教育者传递信息之后，该信息如果能被受教育者所接收，那么他们之间就出现了信息共享，即教育者对信息的独享就变成了教育者和受教育者的共享。教育者有目的地对受教育者施加影响，通过对受教育者传递社会主导价值观念，使受教育者的个人价值观与社会主导价值观相一致。网络思想政治教育信息传播具有明显的优势，这对思想政治教育知识、价值传播特别有利。这些优势表现：一是吸引力更大。网络将文本、图画、声音等信息集为一体，能够极大地激发大学生的求知欲望与想象力，最大限度地调动学生获得信息的主动性、参与性，培养学生的团队精神和合作精神。二是感染力更强。网络提供的丰富的图片库、丰富的音乐资源、活泼的立体动画及仿真画面，给人带来身临其境的场域感，对人的影响更大、更真切。三是快捷性更高。网络信息储存量大，可以在任何一个终端，不受时间和空间的限制，随时获取知识和信息。四是开放性更广。网络为大学生提供了更大范围的学习的社会实践环境，促使他们关心世界、关注社会、了解和认识自我，从而在优化过程中趋于成熟和完善。

但是，网络也带来了不同文化和价值观念的冲突。国内外一些敌对势力和别有用心的人，有意识地把网络作为对我国实施“西化”“分化”的新手段。借助网络论坛、聊天室、虚拟社会、新闻跟帖、微信公众号等多种方式雇用网络写手，在网上鼓吹西方的政治主张和价值观。利用热点和敏感问题，传播谣言，制造大量不良信息，宣传腐朽低俗的生活方式，致使少部分大学生失去辨别能力和自我控制能力，形成“网络成瘾症”。

(三)网络互动平台与思想政治教育互动需要

在思想政治教育中，教育者和受教育者需要互动。这种互动表现在信息传递、接受和反馈的过程中，即体现在教育者信息的传递和受教育者对此能动地接受、受教育者信息的传递和教育者对此能动地接受上。也就是说，思想政治教育信息传授应当是建立在教育者和受教育者互动基础上的思想观念与情感意识的交流过程中。

网络思想政治教育与传统的思想政治教育不同,改变了我说你听的旧状。网络为人们提供了一个开放的互动平台。丰富的网络信息,使大学生冲出了相对封闭的校园天地,进入一个宽广的五彩缤纷的新世界,进入了一个太自由、无所选择的茫然期。尽管他们知道了前所未有的新事物,但更多的冲击也会带来新的知识选择和主体性的不断觉醒。而且,在网络交往中,交往对象的社会角色通常是虚拟的,交往对象没有心理负担,角色虚拟使交往者保持着相对平等的心态,青年学生真正体会到自己既是"剧中人"又是"剧作者"。在网络交互平台上,思想政治教育者与受教育者在关系上更具有融洽性和充分尊重与被尊重的主体性。大学生既是网络新媒体的受众,也是改善网络生态的重要力量。要发挥高校学科优势和人才优势,鼓励学生利用所知所学,正面发声,理性思辨,唱响网络好声音,传播网络正能量。

因此,从现代传播学角度看,网络思想政治教育信息传播活动的主体不仅是教育者,还是受教育者,教育者常常是受教育者,而受教育者也常常是教育者,他们双方共同的行为和作用,促成了传播的进行,两个主体间相互依存、相得益彰。

(四)网络技术综合运用与思想政治效果

检验思想政治教育是否有效以及效果的大小,其主要依据就是思想政治教育的目的和意图的实现程度。具体来说有以下几个方面:一是教育者把社会要求的思想观念、政治观点、道德规范等思想政治教育信息作用于受教育者的知觉和记忆系统,引起其信息量的增加和信息内容构成的变化,这属于认识层面的效果,也就是受教育者对思想政治教育的认知;二是作用于受教育者的观念和价值体系而引起情绪或感情的变化,属于心理和态度层面上的效果,也就是社会主导价值的内化与维护;三是这些变化通过受教育者的言行表现出来,成为行动层面的效果,也就是行为习惯的养成。要想取得思想政治教育的最佳效果,必须实现内化与外化两条路径的合一。内化是关键,辅导员促进大学生内化的途径和方法离不开为大学生提供丰富而有价值的教育资料,把教育转化为大学生的自我教育。在网络思想政治教育实施的过程中,要及时调整单点着力、统一发力的工作思路。要根据不同网络平台、不同网络社群的特点制订专门的思想政治工作方案,形成有的放矢的新媒体矩阵。要整合网上教育教学资源,把党和国家的声音、政策、路线、方针和治国理政的新战略讲好、讲透、讲清,用青年学生喜闻乐见的语言、易于接受的方式呈现出来。要注重表达方式、传播艺术,以理服人,以情动人,多讲鲜活的故事,多作交流互动,有针对性地答疑解惑,吸引学生主动靠近、自觉连接。把网上的舆论引导和网下的思想政治工作结合起来。

因此,从网络所显示出来的技术特征来看,网络为思想政治教育的创新和促进大学生内化提供了新的契机:一是网上丰富的共享信息,为开展思想政治教育提供了充足的资源;二是网络传输的便捷性和交往的隐秘性,有助于迅速、准确地了解受教育者的思想情绪和他们关心的热点问题,从而加强了思想政治教育工作的针对性;三是网络主体的平等性和交往的互动性,有助于实现受教育者主动参与对话交流,有助于把教育转化为受教育者的自我教育,从而提升思想政治教育的实效性;四是网络传输的超时空性,扩大了思想政治教育的覆盖面,促进了思想政治教育的社会化。因此,要综合运用网络技术,培养大学生的独立性、自主性、创造性等主体性品质,加速大学生的全面和谐发展,实现思想政治教育的最佳效果。

三、网络思想政治教育方法

网络思想政治教育是思想政治教育在网络这一载体上的具体运用。任何目标的实现、效果的好坏,都离不开科学的理论指导和有效方法的运用。

(一)网络思想政治教育方法的意义

与历史上其他技术革命相比,互联网让整个世界变得更加紧密,互联网的浪潮正在影响着世界上的每一个人。网络思想政治教育在中国的发展,经历了 1994—1998 年的探索阶段、1999—2003 年的主动建设阶段之后,目前正处于纵深发展阶段。准确把握网络思想政治教育方法的内涵和特点,是做好网络思想政治教育工作的关键。

方法是主体为了达到预期目标在认识世界和改造世界中所采用的方式和手段。方法使用得当,可以使教育达到事半功倍的效果。在信息技术飞速发展的今天,每一位成年人几乎都拥有计算机和智能手机,网络思想政治教育的方法使得传统的思想政治教育方法从静态走向了动态,从平面化走向了立体化。思想政治教育方法是指在马克思主义理论的指导下,对人们进行思想政治教育时,在塑造人们品格、转变人们思想和提高人们觉悟的过程中所应用的各种手段、办法和途径的总和,是实现教育目标、完成教育任务的重要手段和保证。

1. 网络思想政治教育方法是实现网络思想政治教育目的的必要条件

科学的方法是实现思想政治教育的重要保证,它是思想政治教育规律的重要体现。网络思想政治教育方法是连接思想政治教育目的和受教育者之间的纽带,有效的网络思想政治教育方法,可以针对受教育者的思想道德现状和特点,确保思想政治教育目的的实现。网络思想政治教育不能简单地归结为教育者运用马克思主义原理,结合网络有目的、有计划地对受教育者施加思想道德方面的影响,它应该是教育者将辩证唯物论和唯物史观的基本理论转化为受教育者的思想素养的手段和方式,强调的是受教育者将教育内化为自己的思想内涵,同时深化为理想信念从而指导自己的实践。

2. 网络思想政治教育方法是传统思想政治教育方法在网络空间中的一种全新拓展和延伸

网络思想政治教育方法与传统思想政治教育方法相比,是传统思想政治教育方法在新的空间中的一种拓展和延伸,它传承并创新了传统思想政治教育方法的生命力:一是更加注重针对性。网络作为一种双向交流的传媒技术,几乎整合了众多媒体的优势,由于其信息传播速度快、内容丰富、共享性强、覆盖面广、服务个性化,已成为广大学生获取知识和信息的最为快捷、方便、有效的途径和手段。二是更加突出隐蔽性。传统的灌输式的显性思想政治教育在网络的冲击下已经使得思想政治教育工作的有效性在逐步弱化。相较于隐性思想政治教育形式的多样、内容的生动而言,显性思想政治教育存在与教育对象缺乏沟通、教育过程缺乏愉悦性、教育效果缺乏持久性等问题，制约着受教育者对思想政治教育和道德要求的理解和内化。人的思想政治品德的形成，是一个知、情、信、意、行“渐次发展”的过程，网络思想政治教育可以实现对大学生思想道德形成的浸润和教化。三是彰显个性化。个性化是思想政治教育改革和创新的基本价值取向，网络是个内容形式多样的平台，它为思想政治教育工作者多渠道地进行思想政治教育提供了条件，网络思想政治教育方法应该是全方位的，不仅应该是传统思想政治教育方法的补充和综合，还应该是传统思想政治教育方法的创造性发展和创新性继承。

（二）网络思想政治教育方法的原则

网络思想政治教育原则方法是思想政治教育规律的具体体现，只有掌握了正确的原则，有效规范大学生的网络行为，才能保证大学生网络思想政治教育取得成效。原则是人们对客观事物认识的能动反映。它来源于人们的实践活动，又反过来指导着人们的认识和实践。它标志着人们对客观事物规律的把握程度。用原则来指导人们的实践活动，表明人的认识水平已上升到理性认识的高度。网络思想政治教育方法的原则，是人们在思想政治教育实践的过程中所应遵循的一般规律的反映。它既是人们在长期思想政治教育工作的过程中，根据网络的特点，结合自身的经验和理性认识的结晶，又是指导网络思想政治教育的最基本的原则和最根本的方法，指导着我们思想政治教育实施的全部过程。作为思想政治教育的一个分支，网络思想政治教育必须既遵循思想政治教育工作的基本原则，又要有基于网络技术之上的特殊原则。在通过网络进行思想政治教育时，必须注意遵循这些原则，熟练地掌握网络思想政治教育方法，使我们的网络思想政治教育工作更加具有针对性、准确性和实效性。

网络思想政治教育作为改造人自身的一种活动，不仅需要教育者有强烈的责任感、坚持不懈的精神，坚持和奉守网络思想政治教育的基本原则及其规律，而且要求有科学的教育方法，这样才能达到事半功倍的效果。网络思想政治教育的对象接受主体是有情感、有现实需要的人，网络思想政治教育要满足主体的需要，实现其价值，不仅要通过科学理论的灌输，还要使所灌输的理论为受众所接受。只有始终突出网络思想政治教育的主体，以人为本，从满足人的需要、促进人的发展入手，积极寻找更能激发其需求，促其发挥主观能动性的方式方法，才能充分调动受教育者的接受积极性，推动主体接受活动的进行。因此，加强网络思想政治教育应遵循一定的原则。

1. 网络的多元性决定网络思想政治教育必须遵循系统性原则

网络提供给大学生的可选择交流对象及信息极为多元,这就要求教育工作者应该采用平等的态度与大学生交流。如果教育工作者不能采用平等的态度与大学生进行交流,就无法吸引受教育者驻足。在电子空间中,人的社会角色和道德责任都与人在物理空间中很不相同。人将摆脱诸如邻里角色、现实直观角色等物理实在中制约人们的道德环境,而在超地域的范围内发挥更大的社会作用。这意味着,在传统社会中形成的道德及其运行机制,在信息社会中并不完全适用。因此,必须加强网络素养教育的系统性研究。

第一,克服过分崇尚科技理性和工具理性的倾向。将注意的焦点从纯粹的网络技术转向人本身,从"技术解决"转向"伦理关注"和"伦理解释",力求在开发和使用网络技术的同时,明确地把"以人为目的"的伦理精神注入其中,使网络化的社会生活、交往方式不致陷入"技术因素大于人的因素"的伦理困境,在相关理论中更多地赋予网络行为伦理的价值。

第二,对信息的特殊性以及由此而导致的网络诸特性做出明确界定,揭示其本质及其运行机制,从而将网络道德与一般意义上的社会道德相比较,厘清前者所说的公正、平等、权利、义务、自由、保密等概念与后者之间的共同处及不同点，力求在已被广泛接受的传统道德理论的基础上讨论作为新生事物的网络道德，同时适度地加以区别和赋予其新的含义，避免由于概念新旧理解不一致而引发理论悖论。

第三，可以尝试将研究的问题划分为具体问题、交叉问题和理论问题等层次，有系统、有秩序地分别对其加以考察而不至于在面对大量涉及面极广的问题时无所适从。只有这样，才能真正将网络素养提升到理论和实践相关联的高度，使网络素养教育具有完整的系统性。

2. 网络的虚拟性决定网络思想政治教育必须坚持制定规范与舆论监督相结合的原则

互联网为人们自由上网、开展各种活动提供了前所未有的空间与自由度。网络素养教育要根据大学生的具体情况，有针对性地制订网络素养教育的方案，如制定网络道德约束机制，健全规章制度，规范网络运作。要建立起网络信息管理的常设机构，制定网络行为准则，加强对局域网、校园网的管理，通过审查、监控来规范大学生的网络行为，对网上不健康的内容进行清理，通过分析监控，及时发现大学生中存在的思想问题，并及时进行有针对性的教育，做到“防微杜渐”。

要充分发挥舆论的作用来实现网络素养教育。通过舆论的力量，传播、褒扬善举德行，谴责、鞭挞不道德的行为，从而使整个网络社会形成扬善惩恶、扶正祛邪的良好风气。

3. 网络运行规律的独特性，决定网络素养教育应当采取技术监督与伦理关怀相结合的原则

如果一个社会缺乏道德行为的惩戒机制，对社会心理就会产生一种消极的暗示作用。只有对不道德行为通过纪律和法律的手段坚决予以制止、惩治、消除，新的伦理规范的确立才有保证。为此，必须完善网络技术，通过技术追踪、清查不良网站等方式，达到对网络主体的实际监督。

网络道德应兼顾全局、着眼未来，注重道德主体及理论本身的可持续性。这意味着必须将网络和人自身看作未完成的、有待不断完善的社会存在物。所以，应以发展的而不是墨守成规的眼光看待网络中的国内平等、国际平等、代内平等、代际平等等原则，强调任何局部利益都应该服从整体利益，使网络伦理的主体逐渐从“作为个体的人”扩大为“作为整体的类”，是十分重要的。唯此，才能使网络中的各种资源，尤其是信息资源的分配、使用格局逐渐趋于协调、稳定，网络所具有的信息共享的巨大优势才能得以合理发挥和发展。其实，网络不仅作为即时性的工具，更作为人类社会历时性的生活理念而存在，它必将对整个人类社会的发展产生深远的影响。所以，网络素养教育还应

该融合文化传统、时代精神与未来理想的历史尺度，将网络和人自身的“可持续发展”视为价值尺度的直接目标。

第二节　网络思想政治教育的主体建设

网络时代，思想政治教育主、客体内涵及特征发生了深刻变化，面对网络带来的机遇和挑战，无论是思想政治教育者还是受教育者，都存在主体性失范问题，这凸显了加强网络思想政治教育主体建设的重要意义。

一、网络思想政治教育主体建设的意义

网络技术革命标志着一个新时代的到来。网络时代的到来，比以往任何一次科技革命都在更广泛的范围、更深刻的程度上改变着人们以往的工作、学习、生活、交往与思维方式，并深刻地冲击着当今世界和未来社会经济、政治、文化、教育和科技变革与发展的进程。这种冲击一开始就带有二重性，积极和消极并存。在我国，受网络影响最深、最广的群体莫过于青年大学生，随着大学生上网人数的急剧增加，网络对他们的思想观念、价值取向、思维方式、行为模式、个性心理等都

产生着十分广泛和深远的影响，如何积极应对网络给高校思想政治教育带来的机遇和挑战，切实加强网络思想政治教育主体建设，引导大学生在网络这个虚拟世界中健康成长，成为高校大学生思想政治教育面临的一个全新课题。

（一）信息社会发展的热切呼唤

网络以铺天盖地之势影响着整个世界，给思想政治教育带来了难得的机遇和严峻的挑战。在网络这个虚拟世界里，思想政治教育最鲜明的特征就是必须依赖人的主体性发挥，即教育者和教育对象自主性、能动性和创造性等能力和素养的提升。20 世纪末以来，西方国家高度重视网络素养的培育，在互联网上打响了意识形态领域一场没有硝烟的战争。积极把握机遇，应对挑战，抢占网络思想政治教育新阵地，成为我国高校思想政治教育的紧迫任务。

1. 网络给高校思想政治教育带来机遇

网络的发展使高校思想政治教育可以突破时空的局限，增强其影响力。传统的思想政治教育经常以一对一促膝谈心的方式进行，这一方法很好地解决了个人的思想问题，但这种交流的方式无法复制和广为传播，对其他有相似疑惑的人无法产生影响，也无法使其得到适时的帮助。为了扩大宣传，思想政治教育者采用作报告、印发宣传资料、张贴告示等形式,但这些手段大多受时空限制,其受众面是有限的。网络的发展使得思想政治教育的优势得以进一步发挥,同时又不受时空的限制,正面的声音可以有效、快速、便捷而广泛地传播。高校教育必须直面大学生"网络生存"这一严肃的现实话题,提高大学生的网络素养,使之真正成为健康的网上一代。高校思想政治教育应从观念先导、教学指导、队伍辅导、环境主导、实践引导、道德倡导切入,全面提升大学生的网络素养。

(1)观念先导,确立提升个体生命质量的教育价值观

马克思认为,价值这个普遍的概念是人们在对待满足他们需要的外界物的关系中产生的。教育价值观就是一种人类对教育功效的追求,它是教育思想的核心,是教育的出发点和必然归宿。在信息化社会,大学被迫调整角色,它不再是一般的传播知识的场所,而成为知识全面创新的基地和人文教育基地,成为知识经济的"核心发动机"。信息化校园就是这样一个平台,它以高度发达的计算机网络为核心技术支撑,以信息和知识资源的充分共享为手段,以培养善于获取、加工、处理和利用信息与知识的学生为主要目标,以校园成为整个社会知识、信息的创新与传播中枢为主要社会效应。网络素养教育的目的就是使受众在掌握网络知识的同时更好地发展自我。教育者的任务在

于培养一个人的个性并为他进入现实世界开辟道路。因此,确立以尊重人的价值和自由发展为教育目的的提升个体生命质量的教育价值观,应该构成网络时代教育的主旋律。

(2)教学指导,要充分发挥校园第一课堂的作用

各高校应从网络素养的角度将网络道德规范、相关法律规范、网络的正负面影响等内容纳入课堂教学。

(3)队伍辅导,要充分发挥教师的作用

第一,网络为学生提供了广泛获取知识的可能性,学生的“听”转变为“视听并用”,学生由被动学习转为主动撷取。学生更容易从外部数据资料中获得知识,这促使教师的角色发生相应转变。教师不再是“讲坛上的圣人”,不再是“无所不知”之师,不再是侃侃而谈的“宣讲员”。教师应该从一个教者转向设计者、合作者、评价者、管理者、研究者和反思者,教师应通过加强信息化政策宣传教育,制定信息素质教育规划及评估标准,增强信息意识并树立终身学习的理念来影响和提高大学生的网络素养。第二,学校要整体提高网络教学趋势下的教师网络素养。德育工作者必须具有广阔的视野、活跃的思想、敏捷的思维和及时应变的能力,通过研究科技发展的最新成果,深入了解网络给大学生思想观念、思维方式和生活方式带来的广泛而深刻的影响。

(4)环境育导,要建立学校思想政治教育网站

高校必须抓住网络技术的飞速发展给我国新闻媒体提供的崭新机遇,发挥传媒的舆论强势,用马克思主义占领网络阵地,做到网上有马克思主义科学理论体系的展现,有社会主义核心价值体系的呐喊。

第一,建设思想政治教育理论和工作方针的网站,要采取生动活泼的形式,有精心设计的内容,要讲究春风化雨、润物无声的效果。将先进的校园文化搬上互联网,建立"红色"网民、"红色"网点、"红色"网站三位一体的"红色"思想政治教育网络体系。第二,扩大网络思想政治教育的覆盖面,支持更多的新闻、宣传、文化机构及党团组织进入网络,不断增加信息输出量,建立起先进文化的传播基地。加大网络思想政治教育软件的开发力度,不断保持思想政治教育的技术先进性。通过制作、传播集思想性、知识性、艺术性于一体的中文教育软件,让中华民族古老而璀璨的优秀文化对大学生网民产生潜移默化的熏陶。第三,建立大学生网民协会,在思想政治工作部门的指导下开展活动。大学生网民协会要及时了解网民需要,了解网民思想动态,制定相应的网民公约,邀请相关方面的专家学者或大学生网民举办有关网络知识、网络发展趋势的讲座,举办有益的竞赛活动,定期开展交流。

(5)实践引导,充分整合校园第二课堂的活动

网络素养教育应该同校园文化建设结合起来,在开展共青团、学生会活动以及学生社团活动中做必要的组织和引导工作,提高大学生运用网络的综合能力。此外,还要组织健康有益、积极向上的文体娱乐活动,减少大学生对网络的过度依赖。建立对大学生进行正面教育的信息资料库,如网上党校、团校等,方便大学生查找、下载思想教育相关信息;开辟网上论坛,对重大问题、热点问题、涉及大学生切身利益的新的规章制度进行讨论,有针对性地做好教育和引导工作;开设网上心理咨询热线,关注大学生的心理健康。

(6)道德倡导,要健全网络法律法规,规范网络行为

第一,鉴于有害信息泛滥、网络犯罪猖獗、监管控制乏力的现状,有关部门应尽快建立并健全网上法规,防堵有害信息的侵蚀,使网络行为有法可依。第二,必须尽快建立网络行为监控机制,确立和量化网络行为与网络主体的对应关系,健全网络技术的法律法规,通过法律途径制裁网络犯罪,维护信息安全。第三,学校要建立网络信息管理的常设机构,制定网络行为准则,加强对局域网、校园网的管理,加强对免费个人主页及其链接的审查,落实实名注册登记制度,实行版主负责制,建立上网用户日志记录留存制度和电子公告服务信息巡查

制度，通过审查、监控来规范大学生的网络行为。与此同时，还要加强安全使用网络的教育，教育大学生自觉遵守各种法律规定，做遵纪守法的优秀网民。

2. 网络给高校思想政治教育带来严峻的挑战

网络技术的不断发展，在促进经济、科技和社会发展的同时，也使得大量消极、低俗甚至反动的思想观念在网上传播，给正确的舆论导向造成冲击，给高校的思想政治教育和意识形态领域建设带来不小的压力。

传统的思想政治教育观念、教育内容、教育方式严重滞后于时代发展。在传统的思想政治教育过程中，教育者处于一种信息优势和经验优势的地位，教师在教育过程中易树立权威，得到尊重，从而有利于思想政治教育的开展。而在网络时代，教师的信息优势、技术优势无法完美凸显，尤其是年龄较大的教师，常常处于劣势的地位。另外，由于网上信息量大，特色不鲜明、内容不吸引、手段不新奇的个别思想政治教育的内容会被“淹没”，“过载”的信息量极易分散学生的注意力。思想政治教育者传达给学生的信息很难在学生头脑中沉淀，从而使得思想政治教育的作用在不同程度上有所弱化。同时，传统思想政治教育多采用面对面的灌输方式，而在网络时代，网络所营造的虚拟现实，使面对面的教育方式受到制约。

（二）增强学生主体性的现实需要

信息网络的固有特性使青年大学生作为网络主体的自主性、自由度、开放性、选择性和创造性获得极大发展，网络的中心化促进主体平等观念的生成，使每一个人都可能成为网络世界的中心，在人人都是“扬声器”的时代，网络的开放性可以使人拥有更多获取信息的渠道和表达意见的平台，拥有更多的选择自由。网络使人拥有更大的自由度和更少的行为约束。因此，作为网络主体的个人必须具有更强的判断和自律能力，成为道德自律的理性主体。网络环境下，学生在其自觉能动性、独立自主性等主体性不成熟的情况下，面对网络环境的诱惑、教育力量的缺位和现实社会规则的不在位，难免会出现信息汪洋中的数码焦虑、知识河流中的智能荒芜、观念多元中的价值迷失、角色扮演中的人格异化和人际交往中的社会化障碍等认识迷茫、行为失范现象。为此，如何进一步加强大学生主体性建设，应成为网络思想政治教育中亟待解决的问题。

（三）创新思想政治教育的必由之路

建设一流高校，培养一流学生，培养国家认同，坚守道路自信、理论自信、制度自信、文化自信，有理想、有担当、有本领的时代青年，一直是高校的立校之本,在网络时代这一任务更加艰巨。在网络时代,思想政治教育的主体、客体、介体、环体都发生了深刻的变化,对这些变化进行仔细观察,深入解读,形成思想政治教育的新模式,是思想政治教育主动适应时代要求与促进人的全面发展的重要任务,也是高校辅导员做好引领工作的必备本领。多年来,我国思想政治教育工作虽然取得了很大的成就,但仍然存在着许多亟须解决的问题。网络思想政治教育主体建设正是基于这种需要与不足情况下的积极探索,创造性发展、创新性转化是促进人的全面发展的内在要求,是加强和改进网络时代思想政治教育的必由之路。

具体来说,网络思想政治教育主体建设一是加强大学生网络行为研究与引导的需要;二是改革传统思想政治教育模式的需要;三是增强网络思想政治教育实效性的需要。

二、网络思想政治教育主体建设的内涵

(一)网络素养的概念

网络思想政治教育主体建设的内涵是指作为网络思想政治教育者和受教育者在网络思想政治教育活动中所应具有的网络素养。网络素养是媒体素养的重要内容之一。它涵盖的层面很广,涉及社会

学、传播学、思想政治教育学、心理学等学科领域。素养(literacy)指的是对一个事物除了具有使用的能力之外,还具有解读、省思、应用乃至于批判的能力,是一套对生活认知有帮助的价值观。从最初的“media literacy”来看,它的英文本义为“识字”“有文化”及“阅读和写作的能力”。而随着网络这一新媒介的广泛应用,人类社会进入以信息和知识为主要资源的信息时代,素养被赋予了新的含义,在信息时代,素养通常被看成公民认识和利用媒体的水平。

笔者认为,网络素养指的是网络用户在了解网络知识的基础上,正确使用和有效利用网络,理性地使用网络信息,为个人发展服务的一种综合能力。这种能力包括对网络媒介的认知能力、对网络信息的批判反应能力、对网络接触行为的自我管理能力、利用网络发展自我意识的能力以及网络安全意识和网络道德素养。

(二)网络素养的内容架构

在以互联网络为基础发展起来的信息社会,大学生获取信息并不困难,难的是分辨信息的价值、有效地利用信息。而这取决于每一个个体处理信息的能力。笔者认为,提高大学生网络素养,仅靠了解大学生网络素养的概念是远远不够的,只有厘清网络素养的不同内容及表现形式之间的关系,把它们作为一个相互联系、相互依存的整体,使大学生正确地认识和使用网络媒介，甄别和选择有用的信息，对网络媒介持一种理性的批判的态度，才能避免网络的副作用。

1. 具有网络媒介特质的认知能力是大学生网络素养的基础

具有网络媒介的认知能力是大学生网络素养的基础。具体来讲，大学生应从以下四个方面来了解网络媒介。第一，了解关于网络媒介的知识，包括"网络是怎么运行的"，网络媒介与报纸、广播、电视等传统媒介的区别，网络产品的制作技术、过程与方法，网络传播的"文化霸权"现象，网络传播对社会的影响等。第二，了解关于网络信息的知识，包括网络信息是怎么产生的，社会政治、经济、文化对网络信息的影响，网络真实与社会现实的差异，暴力和迷信等不良信息的识别，说明性信息与误导性信息的特征，价值观念的多元化等。第三，了解关于网络的性质与生态环境的知识。如网络道德规范、与网络传播相关的法规和管理体制、影响网络传播的因素、网络经济发展的现状与趋势等。第四，了解受众与网络媒介的关系，包括受众如何根据需要选择信息收集方式、网络接触行为的自我管理的训练、网络信息的识别与批判的训练、通过网络收集信息及传播信息的训练等知识。

2. 网络道德素养是大学生网络素养的根本

道德是一定社会背景下人们基本的行为规范，它赋予人们在动机或行为上的是非善恶判断之基准。因此,道德就是人与人、人与人群、人群与人群的关系和法则。作为调节人与人之间社会关系的道德,它是一定社会经济基础和社会生活的反映,是在特定的人类交往中形成并随着生产生活方式的变化而变化。根据唯物史观"社会存在决定社会意识"的原理,网络生活自然应该具有自己独特的道德规范。网络生活是人类现实社会生活的部分,其道德规范源于现实社会道德规范,但由于网络社会是一个与我们所处的现实社会完全不同的虚拟社会,它的特殊性决定了在网络社会生活中道德具有不同于现实社会生活中的新特点。

(1)具有自由性和自律性

在网络空间,人们"自己对自己负责""自己管自己",并根据自己的需要独立地选择网络服务的项目和内容,发布和接受何种信息。这种个体自主性的体现是任何传统通信所无法比拟的,而网络规范的确立与发展,也是人们为了维持正常的游戏秩序,自发订立、自觉遵守的,由于网络道德规范是人们根据既得利益和需要制定的,因此增强了人们遵守这些道德规范的自觉性。但是,网络道德环境缺少第三者的干预、过问、管理,要求人们有较高的自律性。

(2)具有开放性和多元性

一方面,网络把不同国家和地区的人们联结起来,这样,具有不同宗教信仰、价值观念、风俗习惯和生活方式的人们,增进了相互之间的沟通和理解。另一方面,也使各种文化冲突日益表面化、尖锐化。现实社会中的道德是单一的、一元的,而网络社会中的道德因冲突与融合的频繁发生,必然显示出多元性、多层次性,既存在关于社会每一个成员的切身利益和"网络社会"的正常秩序,属于"网络社会"共同性的主导道德规范,又存在各网络成员自己所特有的多元化的道德规范,如各个国家、民族、地区的独特的道德原则,因此网络道德是开放性和多元性的统一。由此,构建网络道德体系,加强网络道德建设是网络素养的根本。

3. 具有网络安全意识是大学生网络素养的保障

网络安全意识包含网络技术安全意识和网络人际交往的安全意识。网络技术安全意识包括对网络的正确运用、操作,在网络中不随意公布个人真实信息,对个人网页、信箱等资料的保密工作,避免他人非法入侵等。网络人际交往的安全意识则是指能理解网络人际关系的含义和遵循网络人际信任原则,能够正确区分网络与现实的界限,走进网络而不沉溺于网络,进行网络人际交往却并不抛弃现实人际交往，既不沉迷虚拟化的美的形象，又能始终保持自身心态、人格健康，行为道德守法。

网络社会构筑起了一个全球性、开放性、全方位的相互联系的空间，是一个与现实相对的虚拟社会。因此，大学生只有增强网络安全意识，才能在网络世界自由驰骋。

4. 具有对网络信息的批判及反应能力是大学生网络素养的关键

互联网开放性的海量信息良莠不齐，各种文化都可能在网上流通，淫秽、暴力等丑恶内容也由此进入网络，这种不良信息对人们的负面影响显而易见。因此，培养大学生对网络信息的辨别与选择能力，帮助大学生在相对自由的网络空间中学会选择与批判并作出正确反应，是大学生网络素养的关键。

5. 具有网络接触行为的自我管理能力是大学生网络素养的内核

网络空间到处都是新鲜的东西，而且还在不断增加着。对易于接受新鲜事物、对外界充满好奇心的大学生来说，网络充满着无限的吸引力，这种吸引往往会导致大学生对网络的极度迷恋。综合国内外研究，高校大学生对自我网络接触行为的自我管理能力的失控引起的各种问题，既危害个人又危害社会。我们要正视网络成瘾症给大学生带来的危害，借助学校、家庭、社会的力量提高大学生的自制能力和计划意识，帮助大学生合理接触网络，促进其身心的全面协调和健康的成长。因此，对网络接触行为具备良好的自我管理能力，应是大学生必须具备的网络素养的内核。

6. 利用网络发展自我的意识和能力是大学生网络素养的价值归依

培养大学生利用网络发展自我的意识和能力，应是大学生网络素养教育的立足点和归宿。一方面，大学生要在对网络媒介特质有清醒认知的基础上，自觉树立趋利避害、扬长避短，利用网络服务自身学习、生活和个人发展的意识；另一方面，大学生也要不断学习网络技术知识，提高网络技术水平，使自己不仅能用计算机处理文字，上网了解新闻，更要使自己有技术让网络发挥更大更重要的作用。

网络素养是信息时代大学生必须具备的基本素质，全球信息资源的网络化趋势要求每个大学生必须自觉、主动地把网络素养的养成与提高作为自身学习和发展的重要标志。

参考文献

［1］ 徐建军. 大学生网络思想政治教育理论与方法[M]. 北京:人民出版社,2010.

［2］ 商雪岩. 高校基层服务型党组织建设研究[D]. 大连:辽宁师范大学,2016.

［3］ 刘树忠. 大学生公益素养现状及其培育[D]. 桂林:广西师范大学,2011.

［4］ 何东昌. 中华人民共和国重要教育文献(1949—1975)[M]. 海口:海南出版社,1998.

［5］ 王春雨. 创新高校基层党建工作模式探讨——以“践行师德、结对帮扶”为视角[J]. 江苏高教,2013(5).

［6］ 沈壮海. 思想政治教育的文化视野[M]. 北京:人民出版社,2005.

［7］ 张再兴,等. 高校辅导员队伍建设理论与实践[M]. 北京:人民出

版社,2010.

[8] 陈正芬.我国高校辅导员制度研究[D].重庆:西南大学,2013.

[9] 张耀灿,郑永廷,吴潜涛,等.现代思想政治教育学[M].北京:人民出版社,2006.

[10] 郑永廷.现代思想道德教育理论与方法[M].广州:广东高等教育出版社,2000.

[11] 邹绍清.当代思想政治教育方法论发展研究[M].北京:人民出版社,2013.

[12] 王树荫,王炎.新中国思想政治教育史纲(1949—2009)[M].北京:人民出版社,2010.